Chris Oyler

Mami, muß ich sterben?

BERICHT EINER MUTTER

Unter Mitarbeit von Laurie Becklund
und Beth Polson

Aus dem Amerikanischen
von Hanna Neves

Piper
München Zürich

Die Originalausgabe erschien 1988 unter dem Titel
»Go Toward the Light«
bei Harper & Row, Publishers, New York.

ISBN 3-492-11248-X
Oktober 1991
4. Auflage, 21.–24. Tausend November 1994
R. Piper GmbH & Co. KG, München
Lizenzausgabe mit Genehmigung des Ariston Verlags, Genf
Originalausgabe © Chris Oyler, Grant Oyler, Polson Company, 1988
Deutsche Ausgabe © Ariston Verlag, Genf 1989
Umschlag: Federico Luci,
unter Verwendung einer Privataufnahme der Familie Oyler
Photo Umschlagrückseite: Elliott Smith
Satz: Ueberreuter GmbH, Korneuburg
Druck und Bindung: Clausen & Bosse, Leck
Printed in Germany

Inhalt

Erstes Kapitel
»Familien halten immerdar« 7

Zweites Kapitel
»Gibt's im Himmel auch Tacos?« 36

Drittes Kapitel
»Wirst du böse sein auf mich, wenn ich sterbe?« 62

Viertes Kapitel
»Hilf mir, Mami!« 82

Fünftes Kapitel
Unser erstes Wunder 103

Sechstes Kapitel
»Ich will nach Hause« 128

Siebentes Kapitel
»Du bist Sieger, Ben! Du bist Sieger!« 149

Achtes Kapitel
»Papa hat das Kinderbett kaputtgemacht!« 171

Neuntes Kapitel
»Die meisten sehen ein Licht« 185

Zehntes Kapitel
»Geh dem Licht entgegen!« 196

Epilog 208

I

»Familien halten immerdar«

Ich weiß es noch — ich war auf einmal innerlich wie gelähmt, als die Ärzte mir mitteilten, daß mein siebenjähriger Sohn Ben sterben mußte.

Wie war das nur möglich? Er hatte doch erst kurze vierundneunzig Monate lang gelebt. Er hatte nie ein Auto gefahren, war nie auf einem Ball gewesen, hatte nie sein eigenes Kind im Arm gehalten — und würde es nie tun können. Denn nun war seine Zukunft schon zu Ende.

Der Tod hatte bisher immer zu jenen Dingen gehört, die uns nichts anzugehen schienen. Aber jetzt kam er uns plötzlich nahe — allzu nahe.

Nur ganz leise nahm ich die Worte des Arztes hinter dem betäubenden Surren in meinen Ohren wahr — einem Surren wie von Neonröhren, nur millionenfach verstärkt...

Es war, als stünde die Erde diesen einen Moment lang still, als würde sie sich nicht mehr um ihre Achse drehen. Ich weiß noch, wie merkwürdig es mir vorkam, daß rundherum das Leben einfach weiterging, als wäre nichts geschehen. An den Kreuzungen wechselten die Ampeln mit der gewohnten Regelmäßigkeit von Rot auf Grün. Vögel saßen in ihrem Lieblingsbaum vor dem Fenster und sangen ihre vertrauten Lieder. Menschen lachten und hetzten sich ab mit Angelegenheiten, die doch gar nicht zählten.

Wenn man erfährt, daß ein Mensch, den man sehr liebt, sterben muß, dann ist das, als würde die Zeit einen Schlag lang aussetzen. Und sobald die Uhr wieder zu ticken beginnt, ist alles ganz anders. Nichts ist mehr wie zuvor. Die eigene Stimme scheint einem Fremden zu gehören. Der Blick bleibt an Gegenständen haften, die man sonst nie bemerkt hätte: an einem Fleck auf der Brille des Arztes;

an einem Farbtupfer unter anderen Farbtupfern auf dem Boden.

Und in den folgenden Tagen und Wochen geschah es immer wieder, daß mich Ereignisse, die sich sonst durchaus geordnet angekündigt hatten, von der Seite her ansprangen und aus dem Gleichgewicht warfen. Und wenn der Mensch, der sterben wird, das eigene Kind ist, dann kann man sich von diesem Schmerz nie wieder befreien. Nie wieder wird das Leben so sein wie früher. Das ist ein Leid, das nicht mehr vergeht.

Daß ein älterer Mensch stirbt, darauf ist man irgendwie gefaßt: auf den Verlust der Eltern, vielleicht sogar auf den Verlust eines Ehepartners. Aber nicht auf den Verlust eines Kindes. Den findet man einfach ... nun ja, ungerecht.

Zuerst hofften wir noch auf ein Wunder. Eine Änderung der Diagnose. Eine neue Behandlungsmethode. Daß Gott mit einem großen, wundertätigen Radiergummi alles wieder ausradierte und in Ordnung brächte.

Aber am Ende machte Ben selbst uns klar, daß mit einem Wunder, mit einem rettenden Zauber, nicht zu rechnen war. Daß er wirklich sterben würde. Und genau wie damals, als er zum ersten Mal allein seine Gehversuche machte, als er zum ersten Mal ein Fahrrad fuhr, zum ersten Mal zur Schule ging, genauso brauchte er auch jetzt unsere Unterstützung. Warum sollte das auch anders sein? Also mußten wir Ben helfen, sich dem Tod zu stellen. Ohne Furcht, ohne Schmerz. Letztlich auch ohne uns. Denn obwohl wir ihn an der Hand nehmen und bis an die Pforte des Todes mit ihm gehen konnten, mußten wir dann letztlich doch zur Seite treten und ihn ganz allein hindurchgehen lassen. Es ist das Allerschwerste, das Eltern je zu tun haben — das eigene Kind auf den Tod vorzubereiten und es dann freizugeben zum Sterben.

Ich war fest entschlossen, daß Ben, auch wenn er diesen letzten Schritt über die Schwelle des Todes allein tun mußte, bis dahin nie einsam bleiben sollte. Daß unsere Familie jeden Schritt seiner kurzen, aber kostbaren Reise bei ihm sein würde. Aber wie?

Wie hilft man einem geliebten Menschen beim Sterben? Woher würde ich als Mutter die Kraft nehmen, meinen Erstgeborenen zu verlieren? Wie konnte Grant, mein Mann, damit fertig werden, daß er dieses größte Problem, vor dem unsere Familie je gestanden hatte, nicht wie üblich in Ordnung zu bringen in der Lage war? Und wie würden unsere beiden anderen Söhne, Beau, fünf, und Aber, drei Jahre alt, den Verlust ihres Vorbildes und Helden verkraften? Ich wußte nur eines ganz genau — wir mußten uns dieser Aufgabe gemeinsam stellen.

Wir fanden Kraft und Hoffnung in den Worten eines Liedes, das wir oft alle miteinander gesungen hatten. Ben kannte den Text auswendig und sang immer am lautesten: »*Families are forever!* — Familien halten immerdar!«

Das war im Mai 1985. Grant und ich waren schon fast zehn Jahre lang verheiratet. Natürlich hatten auch wir die üblichen Schwierigkeiten und Prüfungen aller jungen Familien durchstehen müssen, aber ein wirklich großer, tiefer Schmerz hatte uns bis dahin nicht heimgesucht.

Wir lebten in einem bescheidenen Reihenhaus in Carmel in Kalifornien. Wir hatten drei kleine Jungen, und mit unserer Familie wuchs auch unsere Liebe zueinander. Grant und ich hatten nie Zeit, um darüber nachzudenken, ob wir auch glücklich wären — wir waren ganz einfach glücklich.

Grant arbeitete die ganze Woche über ziemlich schwer. Und fast jeden Sonntag, wenn wir von der Kirche heimkamen, machten wir in unserem Garten ein Picknick. Nur Grant und ich und die Jungen. Wir waren so glücklich miteinander. Manchmal, wenn das Wetter sehr schön war und wir alle ganz faul waren, schliefen wir nach dem Essen alle fünf einfach auf unseren Decken ein.

Während andere Leute auf einen neuen Wagen oder ein größeres Haus sparten, sparten Grant und ich für Familienausflüge, kleine Fahrten zum Strand, in die Wüste, ins Gebirge: manchmal mit unseren Zelten, manchmal übernachteten wir bei Verwandten. Grant und ich stammen beide aus Kalifornien und aus großen Familien, er hatte fünf Geschwister, ich drei.

Wenn ich daran zurückdenke, kann ich mich nur wundern, was für eine sorglose, schöne Zeit das damals war. Wir waren schon zufrieden, wenn wir nur alle beisammen waren. Wir waren jetzt finanziell halbwegs überm Berg, wir fingen gerade an, eine richtige Familie zu sein und das Leben gemeinsam zu genießen. Wir waren so unschuldig, so naiv, so . . . so normal.

Grant und ich hatten uns durch meine Mutter kennengelernt. Er war damals einundzwanzig, ich neunzehn.

Ich fand, daß er unheimlich gut aussah, und wünschte mir, daß meine Wimpern auch so lang wären wie seine. Er war braungebrannt und hatte eine phantastische Figur, aber er war unglaublich schüchtern. Ich war auf der Schule ein Cheerleader gewesen und wohl auch etwas unternehmungslustiger, und bei unseren ersten Rendezvous mußte deshalb vor allem ich für die Unterhaltung sorgen.

Wir gingen zu Baseballspielen oder ins Kino, oder aber wir umrundeten verschiedene Golfplätze, denn Golf war Grants erste große Liebe gewesen. Er war wirklich gut, ein Golfer mit Handicap null, und ich war überzeugt, er war nur deshalb aufs College gegangen, um im College-Golfteam spielen zu können.

Grant wollte Profigolfer werden, und ich war auch sehr dafür. Ich malte mir schon aus, wie ich meinen berühmten Gemahl auf seinen Reisen rund um die Welt begleiten würde.

Auf einem unserer vielen Spaziergänge über den Golfplatz von San Clemente in Kalifornien geschah es, daß Grant und ich zum ersten Mal über eine Familie redeten. Über unsere Familie. Über die Familie, die wir eines Tages haben wollten.

Wir wollten acht Kinder. Am besten vier Jungen und vier Mädchen. Auf einem langen Par fünf beschlossen wir, unseren ersten Sohn Benjamin zu taufen.

Und dann schlossen wir lachend einen Vertrag ab: Ich würde mich um die Kinder kümmern, bis sie zwölf wären; danach sollte Grant ihre Betreuung übernehmen, damit ich meine Befähigung für Kunst und Design weiter ausbilden könnte.

Merkwürdigerweise hatte ich schon damals Angst, daß ich eines Tages ein Kind verlieren könnte. Ich sprach auch mit Grant darüber und erklärte ihm, daß dies wohl das einzige wäre, das ich einfach nicht ertragen würde.

Zu unserer Verlobung schenkte Grant mir ein Tagebuch. Die erste Eintragung hatte er bereits selbst gemacht und das Tagebuch unseren Kindern gewidmet: »Heute gab ich eurer Mutter ihren Verlobungsring«, schrieb er. »Eines Tages werdet auch ihr, so hoffe ich, die Liebe spüren, die eure Mutter und ich füreinander empfinden und die wir immer auch euch entgegenbringen werden.«

Alle weiteren Eintragungen stammen von mir. Ich habe hier nicht nur festgehalten, was für eine große Freude die Geburt unserer Kinder für uns bedeutete, sondern auch die vielen kleinen Ereignisse unseres Familienalltags.

Knapp zwei Jahre nach unserer Hochzeit kam Ben zur Welt. Fast von Anfang an spürte ich, daß ich noch keinem anderen Menschen je so nahegestanden hatte wie diesem Sohn — daß es kein stärkeres Band gab als das zwischen einer Mutter und ihrem Kind.

Aber nach Bens Geburt mußte ich auch erfahren, daß ich Trägerin der Bluterkrankheit war. Frauen sind lediglich Träger, nur Männer können die Krankheit selbst bekommen. Mein Bruder Scott war Bluter, und nun war also auch Ben mit dieser Krankheit zur Welt gekommen. Mir wurde bald klar, was es bedeutete, ein Träger zu sein. Bei jeder Schwangerschaft blieb das genetische Risiko das gleiche: Bei einem Jungen bestand eine fünfzigprozentige Gefahr, daß er Bluter sein würde, bei einem Mädchen die fünfzigprozentige Wahrscheinlichkeit, daß sie die Krankheit weitergeben würde. Die Gefahr, daß eines unserer Kinder Bluter sein würde, bestand also nur im Verhältnis eins zu vier.

Aller Statistik zum Trotz kamen unsere Söhne Ben, Beau und Abraham — kurz Aber gerufen — alle drei als Bluter zur Welt.

Wenn man an die Bluterkrankheit denkt, dann stellt man sich meistens die Lebensgefahr durch einen Schnitt oder eine sonstige Verletzung vor, die nicht zu bluten aufhört, weil das Blut nicht gerinnt. Viel ernster und gefährlicher sind aber innere Blutungen, hervorgerufen durch Quetschungen oder eine Krankheit. Es gibt eine bestimmte Eiweißverbindung, die für die Blutgerinnung erforderlich ist und die den Blutern fehlt. Wenn sie aber mit einer hochkonzentrierten Dosis entsprechender Mittel diesen Gerinnungsfaktor »nachgeliefert« bekommen, dann kann die Blutung meist gestoppt werden. Mit der Bluterkrankheit kann man heute also eigentlich ein nahezu normales Leben führen.

Von meinem Bruder Scott her war mir die Bluterkrankheit ganz vertraut, aber für Grant stellte sie etwas völlig Neues dar. Und ich liebte ihn nur um so mehr, als ich sah, wie rasch er sich daran gewöhnte und lernte, den Jungen ihre Infusionen des *Faktors VIII* zu verabreichen, wenn einer von ihnen blutete.

Voll Freude beobachtete ich, wie Grant als Vater aufblühte. Er war genau die Art von Vater, die jeder Sohn sich wünscht. Und nichts machte ihn glücklicher, als Zeit mit seinen Jungen verbringen zu können. Als Ben drei Jahre alt war, hatte sein Vater ihm schon seinen eigenen Satz Miniatur-Golfschläger gekauft.

Schon als Kleinkind hatte Ben einen guten Schlag, wenn er die Bälle durch den Garten jagte. Und Grant begann schon zu hoffen, daß Ben vielleicht einmal *der* Golfer der Familie Oyler werden würde.

Seine eigenen Golfambitionen hatte er bald nach unserer Hochzeit an den Nagel gehängt. Ich weiß noch genau, wie das passierte. Grant unterhielt sich eines Tages mit ein paar Burschen aus dem Profizirkus und erkundigte sich, wie sich ihr Leben denn so abspielte. Sie redeten davon, daß sie einen Sponsor suchten und einen kleinen Caravan kaufen wollten, um damit durchs ganze Land zu ziehen, von einem Golfplatz zum nächsten, bis sie vielleicht doch einmal bei einem Turnier so gut abschnitten, daß sie anständig abkassieren könnten.

Diese Beschreibung entsprach eigentlich nicht der Vorstellung, die Grant und ich von unserem künftigen Familienleben hatten.

Wir erkannten also sehr schnell, daß das nichts für uns war, und Grant nahm eine Stelle als Versicherungsvertreter bei seinem Vater an. Aber das hielt nicht lange. Grant war kein Verkäufer.

Also: Golf nicht, Versicherungen auch nicht. Aber was? Grant wußte nicht recht, was er tun wollte. Dann hörte er durch einen ehemaligen Studienkollegen von mir von einem Job im Baugewerbe, und er beschloß, es damit zu versuchen.

Und das führte schließlich dazu, daß wir nach Carmel übersiedelten, wo Grant seine eigene Firma aufmachte: die *G. O. Remodel Store*, spezialisiert auf die Neugestaltung und -einrichtung von Küchen und Bädern nach Maß. Ich entwarf das Firmenzeichen, und Grant richtete sich im zweiten Stock über einer Eisenhandlung in der Innenstadt von Carmel ein.

Aber es war gar nicht so leicht, eine neue Firma in Schwung zu bringen. Daher stürzten Grant und ich uns auf ein Angebot, nach Park City in Utah umzuziehen, wo Grant für vier Monate einen großen Bauauftrag erhielt.

Es war Winter. Wir brachten Ben und Beau in einer wunderschönen kleinen Schule unter, wo man sie auch zum ersten Mal auf ein Paar Ski stellte. Doch der kleine Aber war noch so winzig, daß er in seiner Winterverpackung herumwackelte wie eine bis zum Platzen ausgestopfte Vogelscheuche.

Als wir nach Weihnachten im Jahre 1984 wieder nach Carmel zurückkehrten, fiel uns die Umstellung gar nicht leicht. Grant machte jetzt immer viele Überstunden, um sich mit seinem Geschäft durchzusetzen. Ich half ihm bei der Buchhaltung — und was sonst noch an Arbeiten anfiel. Ben und Beau mußten sich von ihren Freunden in Park City trennen und das zweite Semester des Schuljahres in einer neuen Klasse in Carmel beginnen.

Vor allem Ben fiel der Wechsel schwer. Er hatte seine Lehrerin in Park City sehr gern gehabt. Sie war jung und freundlich und hatte viel Wärme in den Schulalltag gebracht. Die Lehrerin in Carmel war auch recht nett, aber sie war nicht so persönlich. Und Ben war der einzige Neue in der Klasse. Jeden Morgen, wenn der Schulbus ihn abholen kam, murrte er und sagte, er wolle nicht in die Schule. Ich fing an, mir Sorgen um ihn zu machen. Offenbar wurde er mit dem Wechsel nicht fertig.

Daher bot sich, als wir unsere Osterferien planten, Park City als der ideale Urlaubsort an. Die Jungen könnten ihre alten Freunde wiedersehen, und die ganze Familie würde gemeinsam Ski fahren.

Aber ich wollte nicht nur ganz gewöhnliche Ferien erleben, ich wollte ein Familientreffen zustandebringen. Darüber hatte ich in letzter Zeit viel nachgedacht. Grants Familie veranstaltete jedes Jahr ein solches Familientreffen, und ich wollte auf diese Weise auch meine eigene Familie zusammenbringen.

Die Familientreffen der Oylers waren immer etwas ganz Besonderes. Es gab jetzt schon vierzehn Enkel — Ben war der älteste von ihnen (alle nannten ihn den »Rudelführer«) —, und die gesamte Familie freute sich das ganze Jahr auf diese Begegnungen.

Eine wichtige Erkenntnis, die ich in meiner Ehe mit Grant gelernt hatte, war die Einsicht, wie wertvoll der Rückhalt einer ganzen Familie sein kann, in guten wie in schlechten Zeiten. Eine wirklich intakte Familie, das ist eine einzigartige Grundlage für die nächste Generation, die darauf wiederum ihre eigenen jungen Familien aufbauen kann.

Für meine eigene Familie, die Eckholdts, hätte ich mir das auch gewünscht. Aber bei uns war alles viel komplizierter. Als ich zwanzig war, hatten meine Eltern sich scheiden lassen. Und wir Kinder entwickelten uns entsprechend unseren emotionalen Bedürfnissen in verschiedene Richtungen auseinander. Ich stand meiner Mutter weiterhin sehr nahe, meinem Vater dagegen weniger. Meinen Bruder Steve sah ich oft, ebenso meinen Bruder Scott, der in Boston lebte. Aber mein großer Bruder Randy fehlte mir sehr; er lebte jetzt mit Jayne, seiner Frau, und zwei Töchtern in Arizona.

Unsere Buben hatten Kimmie und Paige, Randys Töchter, überhaupt noch nie gesehen. Und die beiden Mädchen kamen auch nur ganz selten zu Mutter und Ralph nach Los Angeles. Ralph Evans war mein Stiefvater. Aber vor allem war er jetzt Opa Ralph, der tollste Opa, den ich mir für meine Jungen hätte wünschen können.

Es war nicht leicht, uns alle zusammenzubringen, Mutter und Ralph, Randy und seine Familie, Scott und Steve, und meine Familie. Und schließlich konnte Scott in letzter Minute doch nicht fort aus Boston.

Da mußten nicht nur Reisepläne koordiniert, sondern

auch ein paar emotionale Straßensperren beseitigt werden. Aber schließlich bestellten wir doch ein extra großes Ferienhaus in Park City und machten uns ans Packen.

Ich war aufgeregt und auch ein bißchen nervös. Grant holte die Kartons mit den Skiutensilien vom Dachboden. Wir zogen uns alle die Skisachen an und stapften darin herum, als läge in unserem Wohnzimmer anderthalb Meter hoch der Schnee.

»Schau her, wir sind Skiakrobaten«, rief Beau, während er und Ben durch die Diele rasten.

»Weißt du noch, wie lustig das war, als wir diesen Burschen hier zusahen, wie sie im Schuß den Berg hinunterfuhren?« fragte Grant.

»Sogar Aber ist noch einigermaßen den Hang hinuntergekommen, solange er nur seine Ski geradehalten konnte«, sagte ich und lächelte ihm zu.

»Am besten hat mir Abers Bremstechnik gefallen«, rief Ben. »Wenn er genug hatte, ließ er sich einfach umfallen!« Und als hätte er auf sein Stichwort gewartet, plumpste Aber auf den Rücken und strampelte mit den Skiern in der Luft.

Wir lachten alle. Und das allgemeine Gelächter verwandelte sich bald in aufgeregtes Gekicher. Sahen wir nicht furchtbar komisch aus, alle fünf, mit Skimützen, Skihandschuhen, Anoraks, von Kopf bis Fuß eingekleidet, und das mitten im Wohnzimmer!

An diesem Abend war es nicht leicht, die Buben ins Bett zu bekommen. Und als sie schließlich alle verstaut waren, fragte ich Grant: »Glaubst du wirklich, daß ich noch Ski fahren kann? Mein Anzug ist schon ein bißchen knapp.«

»Wenn du dir nicht zuviel abverlangst und auf den Pisten bleibst, dann geht das schon.«

Ich war im dritten Monat schwanger. Aber wir hatten es noch niemandem gesagt. Das sollte noch eine Weile unser Geheimnis bleiben.

Am nächsten Morgen fuhren wir wie immer schon vor Tagesanbruch los, damit wir auf der Autobahn die Sonne aufgehen sähen. Der hintere Teil unseres Kombis war voll beladen mit Skiern, Koffern, Sandwiches und kleinen Jungen, die in ihren Schlafsäcken schliefen. Ich weiß noch, daß ich so beim Dahinfahren dachte, wie glücklich und erfüllt mein Leben doch war. Ich hatte immer alle Hände voll zu tun, aber ich genoß jede Minute.

Ich fühlte mich in den ersten Monaten der Schwangerschaft immer ganz besonders wohl. Und dieses Gefühl war jetzt stärker als je zuvor, denn ich freute mich so sehr darauf, daß meine eigene Familie jetzt wieder, wie ich hoffte, vereint und versöhnt sein würde.

Ich wünschte, ich könnte sagen, es hätte von Anfang an alles gut geklappt. Aber wir hatten einander so lange nicht mehr gesehen, daß alle zunächst etwas steif und verlegen waren. Am ersten Abend bewegten wir uns noch alle wie auf rohen Eiern.

Für den nächsten Tag hatte ich Ben und Beau versprochen, mit ihnen zu ihrer alten Schule zu gehen. Wir waren jetzt vier Monate lang fort gewesen, aber weder Ben noch Beau waren vergessen. Bens alte Lehrerin nahm ihn sofort in die Arme, und die Kinder in seiner Klasse applaudierten, als er zur Tür hereinkam.

Als wir am Nachmittag die Schule wieder verließen, fing es ganz leicht zu schneien an, und es schneite dann die ganze Nacht hindurch.

Der nächste Morgen war herrlich: der Himmel tiefblau, die Bäume mit Weiß beladen. Ich zog Aber warm an und gab ihn mit den anderen Kleinen bei der Skizwergerl-Schule ab. Ben und Beau verschwanden in einem Wald von klappernden Skiern und stellten sich für ihren Unterricht an. Ben zeigte Beau, wie er die Stöcke einstemmen mußte, um nicht den Hang hinunterzurutschen.

Steve ist ein toller Skifahrer. Er und Grant verstanden

sich auf Anhieb großartig, und sie gingen auf die steileren Pisten, während ich bei Randy blieb. Es kam mir unglaublich vor, aber das war wirklich das erste Mal, daß ich seit meiner High-School-Zeit mit ihm allein war. Früher einmal hatte er mir alles bedeutet. Er war der große Bruder, zu dem ich voll Verehrung aufblickte. Aber wir hatten uns schon damals, als wir noch im selben Haus wohnten, gefühlsmäßig auseinandergelebt.

Vorsichtig versuchte ich mich ihm innerlich zu nähern und herauszufinden, ob er sich noch daran erinnerte, wie nahe wir einander als Kinder gestanden hatten.

»Weißt du noch, als wir klein waren ...«, fing ich an, während wir mit dem Lift hinauffuhren. »Weißt du noch, wie du dich einmal als Cowboy verkleidet hast? Deine Handschuhe waren so lang, daß du die Ellbogen nicht abbiegen konntest. Deshalb mußte ich hinter dir gehen und deine Pistole ziehen!«

Er lachte: »Ja, ja, ich glaub' schon.«

»Ich hab' dir's nie gesagt, Randy — aber das hat mir wahnsinnig Spaß gemacht!«

Langsam füllten wir mit meinen Annie-Oakley-Erinnerungen die weißen Flecken in unserem Gedächtnis. Über die Gegenwart zu sprechen fiel uns schwerer, aber jetzt wußte ich wenigstens, daß wir über das Gestern reden konnten. Das war immerhin ein Anfang.

Als wir am Nachmittag vom Skifahren heimkamen, setzten wir uns alle rund um den offenen Kamin und tranken heiße Schokolade. Und dann fing Ben an, Kimmie zu erklären, wie man aus Pappkartons einen Toboggan basteln konnte. Kimmie hatte in ihrem Leben noch nie soviel Schnee gesehen, und sie konnte es gar nicht erwarten, wieder hinauszulaufen und auf Bens selbstgebasteltem Schlitten zu Tal zu rasen.

Wir Erwachsenen traten auf den Balkon hinaus und schauten ihnen zu. Und das Herz ging mir auf, als ich den kleinen Cousins da beim Spielen zuschaute, wie ich so oft die Oyler-Kinder bei ihren Familientreffen spielen gesehen hatte.

Ich trat vors Haus und beobachtete, wie sie den Hang hinuntersausten, und ich war erfüllt von Dankbarkeit. Von der Kälte hatten sie alle ganz rote Backen. Sie sahen jetzt so aus wie die Kinder, die man auf Cornflake-Schachteln abbildet: Beau mit seinen Sommersprossen, Ben mit seinem ansteckenden Lachen und Aber mit seinen zwinkernden Lausbubenäuglein.

Beau und Ben waren geschickte kleine Sportler. Beau spielte Fußball. Und Ben konnte bereits neun Golflöcher schlagen. Aber seine Spezialität war Breakdance. Wir konnten nicht einmal mehr einkaufen gehen, ohne daß Ben nicht schließlich irgendwo rhythmisch herumhopste — er konnte es einfach nicht lassen.

Der letzte Ferientag begann so, wie viele Tage begonnen hatten, als wir Kinder waren — indem meine Mutter eine Liste machte.

»Ich mache eine Einkaufsliste fürs Abendessen«, sagte sie. »Gibt's irgendwelche besonderen Wünsche?«

»Hühnerflügel«, brüllte Ben.

»Yeah, Hühnerflügel!« echote Beau.

Jede Mutter hat ein besonderes Gericht, von dem ihre Kinder nicht genug bekommen. Das Spezialgericht meiner Mutter waren marinierte Hühnerflügel. Und obwohl ich das gleiche Rezept verwendete, schmeckten Ben bei mir die marinierten Hühnerflügel nie so gut wie bei meiner Mutter.

Deshalb fiel es uns allen besonders auf, daß er an diesem Abend sein Essen nicht anrührte.

»He, Ben, warum ißt du nichts?« fragte Grant.

»Ich hab' Bauchweh«, antwortete er und sah mich an.

»Wahrscheinlich, weil er seine ganze Currywurst aufgegessen hat — und noch ein Stück von meiner«, sagte Beau.

»Glaubst du, du mußt brechen?« fragte ich.

»Nein, aber es tut mir da innen alles weh!«

»Das klingt nach einer Bauchgrippe«, meinte meine Mutter. »Oder es ist ein Magenkatarrh.«

»Oder vielleicht ein leichter Sonnenstich«, schlug Jayne vor.

Es konnte alles mögliche sein, von der Currywurst bis zum Sonnenstich. Aber ich fragte mich, ob es nicht vielleicht daher kam, daß wir bald wieder nach Carmel zurückfuhren und daß Ben am nächsten Tag wieder in die Schule mußte. Darauf freute er sich ganz offensichtlich überhaupt nicht.

Als es Schlafenszeit wurde, kletterte Aber auf Opa Ralphs Schoß und wollte eine Geschichte hören. Dann setzte sich Beau neben ihm aufs Sofa. Dann Ben. Dann setzten sich auch Kimmie und Paige schüchtern zu den Jungen. So saßen sie nebeneinander aufgereiht mit ausgestreckten Beinchen auf dem Sofa, und ihre Äuglein glänzten, während Opa ihnen vorlas. Ich erkannte, daß unser Familientreffen ein Erfolg geworden war. Sicher, es konnte noch viel schöner werden. Aber diese Reise war ein wichtiger Anfang.

Und so vergingen die Ferien. Bens Magenschmerzen aber nicht. Auf der ganzen Heimfahrt war er nicht wie sonst. Inzwischen hatte er auch noch Durchfall bekommen, und zwar so arg, daß wir zu Hause sofort unseren Kinderarzt anrufen mußten.

Dr. Penn würde schon wissen, was zu tun war. Er hatte sich um Ben, wie auch um die anderen beiden Jungen, seit seiner Geburt gekümmert. Mit seinen Cowboystiefeln und seinem dichten grauen Haarschopf sah er gar nicht so wie ein vielbeschäftigter Arzt aus, und er verhielt sich auch ganz anders. Vor allem hatte er immer Zeit für uns — Zeit genug, um sich mit den Buben persönlich zu befassen und um auch meine Beobachtungen als Mutter für die Diagnose heranzuziehen. Am meisten schätzte ich seine ruhige Art.

Weil Dr. Penn ein so großartiger Arzt war, hatte Ben auch keine besondere Angst vor einer Untersuchung. Ein Besuch bei Dr. Penn war immer etwas Lustiges.

»Na, Ben, wo fehlt's?« fragte er, als wir am nächsten Morgen zu ihm kamen.

Nachdem wir ihm von den Symptomen berichtet hatten und Ben von ihm untersucht worden war, brauchte Dr. Penn nicht lange für seine Diagnose. Es war wahrscheinlich ein Parasit, den Ben erwischt hatte.

»Hat Ben von irgendwelchen privaten Brunnen getrunken?« fragte er, um eine Erklärung für seine Theorie bemüht. Ja, das hatte er — wie übrigens wir alle. Und warum waren wir dann nicht alle krank? Dr. Penn verschrieb ihm ein Antibiotikum und nahm ihm zur Sicherheit auch noch Blut ab. Das Ergebnis der Untersuchung würden wir in etwa einer Woche hören.

Die nächsten paar Tage fuhr Grant Ben zur Schule. Als Grant am zweiten Tag mit dem Auto vor der Schule anhielt, stürzte Ben sofort hinaus und rannte los in Richtung auf die Toilette, kam aber nicht mehr rechtzeitig dorthin und erbrach sich gerade zwischen zwei Schulmädchen. »Igittigitt, wie unappetitlich!« riefen sie angeekelt aus.

Ich rechnete damit, daß das Antibiotikum nach ein paar Tagen wirken würde. Aber statt dessen wurde der Durchfall nur noch schlimmer, und Ben erbrach sich noch öfter als bisher.

Am Sonntag mußte Grant gleich nach dem Gottesdienst nach Los Angeles fahren, um eine Ladung Kacheln fürs Geschäft abzuholen. Als er sich von uns verabschieden wollte, fing Ben zu weinen an. Er wollte mit seinem Papa fahren. Grant hielt das für keine besonders gute Idee, aber ich wies ihn darauf hin, daß Ben am nächsten Tag ja ohnehin nicht zur Schule gehen konnte. Vielleicht würde ihn die Fahrt aufmuntern. Also machten sich die beiden gemeinsam auf die sechs Stunden dauernde Fahrt.

Am Abend wartete ich auf ihren Anruf. Jetzt waren bereits acht Stunden vergangen, sie mußten schon längst dort sein. Als das Telephon endlich läutete, war es schon sehr spät.

»Chris, ich mach' mir wirklich Sorgen«, sagte Grant. »Ben ist krank, wirklich ernstlich krank. Das kann nicht einfach nur ein Parasit sein.«

Ich kannte Grant. Er gab sich offenbar Mühe, mir möglichst schonend etwas Unangenehmes beizubringen.

»Was ist geschehen? Was ist denn los?« fragte ich.

»Während der ganzen Fahrt hindurch sind der Durchfall und das Erbrechen immer ärger geworden. Und Ben hat auch ununterbrochen Magenschmerzen. Wir sind erst vor ein paar Minuten hier angekommen. Unterwegs mußten wir alle zwanzig Minuten halten.«

»Grant, vielleicht solltest du ihn in ein Krankenhaus bringen.«

»Er ist schon eingeschlafen. Ruf doch am besten gleich Dr. Penn an und mach für morgen einen Termin aus, sobald wir wieder zurück sind, okay?«

»Gut, wenn du meinst.«

»Ja, im Augenblick scheint er wieder in Ordnung zu sein. Mach dir keine unnötigen Sorgen! Aber Chris...«

»Ja?«

»Ich hoffe, du bist nicht bös — aber ich habe Ben von dem Baby erzählt. Ich dachte, das würde ihm Freude machen. Hat es auch. Er war wirklich ganz glücklich darüber. Er hat auch versprochen, daß er es niemandem sagt — nicht einmal Beau —, daß er noch einen kleinen Bruder bekommt.«

Aha. Ben wollte also noch einen Bruder haben...

Früh am nächsten Morgen saßen wir dann wieder in Dr. Penns Ordination. Dr. Penn machte noch ein paar Tests und sagte dann, er wolle in Stanford anrufen und mit denen dort über die Symptome sprechen. Sobald er etwas wußte, würde er uns zu Hause anrufen. Bis dahin könnten wir ruhig heimgehen.

Am Nachmittag rief uns Dr. Penn an und sagte, wir sollten Ben am besten nach Stanford bringen, damit die Ärzte dort ihn sich ansehen könnten.

»Gut, wir fahren gleich morgen früh«, antwortete ich.
»Chris...«
»Ja, Dr. Penn?«
»Fahrt doch lieber noch heute.«

Wir kannten das Kinderkrankenhaus in Stanford schon recht gut, wegen der dortigen Bluterklinik. Es war ein heller, freundlicher Ort. Fröhlich. Kalifornisch. Es gab Patios und Picknickanlagen. Die Schwestern trugen keine Schwesterntracht, sondern normale Straßenkleidung.

Aber diesmal war es anders als sonst.

Ben hatte in vierzehn Tagen vierzehn Pfund abgenommen. Er wog jetzt weniger als sein fünfjähriger kleiner Bruder. Alles, was er aß, erbrach er sogleich. Deshalb aß er lieber gar nichts. Und jetzt hatte er zusätzlich zu Durchfall und Erbrechen auch noch einen Ausschlag bekommen.

Ich wußte nicht, wie lange mein kleiner Junge das noch aushalten würde. Das mußte doch irgendwann einmal aufhören! Als wir in Stanford ankamen, war ich erfüllt von Hilflosigkeit und Angst.

Die Ärzte verlangten sofort weitere Bluttests. Massenhaft Bluttests. Und sie sagten: »Fahren Sie doch inzwischen wieder nach Hause — es wird eine Weile dauern, bis wir die Ergebnisse bekommen.«

Nach Hause fahren? Unmöglich. Ich hatte jetzt zwei Wochen lang zusehen müssen, wie mein Sohn von Stunde zu Stunde immer kränker wurde. Und ich konnte ihm überhaupt nicht helfen. Nein, ich konnte und wollte ihn in diesem Zustand nicht wieder nach Hause nehmen.

»Wir können nicht einfach heimfahren und auf weitere

Testergebnisse warten«, protestierte ich. »Wir warten ja schon eine ganze Woche lang. Und Bens Arzt hat uns gedrängt, wir sollten hierher ins Krankenhaus fahren. Und zwar sofort!«

Ich glaube, die Ärzte hörten die Verzweiflung in meiner Stimme, denn unmittelbar darauf wurden wir beide durch Doppeltüren hindurch in ein Isolierzimmer gebracht. »Ein Privatzimmer«, dachte ich, »was verschafft uns diese Ehre?« Dann bemerkte ich, daß wir sogar ein eigenes Klo und Badezimmer hatten. Aber Ben brauchte tatsächlich ein eigenes Badezimmer!

Die nächsten zwei Wochen waren eine einzige große Testserie: Stuhluntersuchung, Harnuntersuchung und natürlich immer noch mehr Blutuntersuchungen. Und da Stanford eine Universitätsklinik ist, folgte jedem Arzt ein ganzer Rattenschwanz von Assistenzärzten und Praktikanten.

Zuerst fand ich soviel Aktivität ermutigend. Wenn sie sich solch große Mühe gaben, dann mußten sie ja bald zu einer Diagnose kommen. Aber jeder negative Test und jedes nicht völlig eindeutige Ergebnis führten zu weiteren komplizierten und auch schmerzhaften Untersuchungen: es folgten eine Rückenmarkspunktierung, eine Untersuchung des Knochenmarks, ein EEG.

Ben war ganz still. Jetzt erst wurde mir klar, daß ich ihn noch nie so verängstigt gesehen hatte. Ich gab mir die größte erdenkliche Mühe, um ihn zu trösten, obwohl ich selber Trost gebraucht hätte. Ich las ihm vor, spielte verschiedene Spiele mit ihm. Ich legte mich neben ihn auf sein Bett und rieb ihm das Bäuchlein, stundenlang. Das schien noch das einzige zu sein, das ihm wohltat, und ihm nahe zu sein und ihn zu berühren, das gab auch mir Trost.

Ein mattes Lächeln zeichnete sich nur dann auf seinem kleinen, blassen Gesicht ab, wenn sie wieder einmal kamen, um mit einer Nadel auf ihn einzustechen, und er seinen

Bruder Aber imitierte und sagte: »Brav sein, brav sein!« Das sagten nämlich Grant und ich immer zu den Buben, wenn wir ihnen den Faktor gegen die Blutungen injizierten. Aber daraus war ein Familienwitz geworden: Wir saßen einmal am Sonntag in der Kirche und Aber, noch keine zwei Jahre alt, fing an, mich an den Haaren zu ziehen. Als ich vor Schmerz aufschrie, gab Aber mir meinen eigenen Rat zurück: »Bwav sein, bwav sein!«

Andere heitere Seiten vermochten wir unserer Situation jetzt nicht abzugewinnen. Nun waren wir schon zwei Wochen hier, und Ben ging es weiterhin von Tag zu Tag schlechter. An beiden Handgelenken hatte er Injektionsnadeln stecken. Er litt unter ständigen Schmerzen. Und die Symptome schienen sich zu vervielfältigen. Jetzt hatte er auch noch einen häßlichen weißen Belag auf der Zunge und am Hals und im Genick geschwollene Lymphknoten.

Bisher standen für die Ärzte nur zwei Befunde fest: Ben hatte tatsächlich einen Parasiten. Und aus irgendeinem Grund wurde sein Abwehrsystem nicht damit fertig.

Am kommenden Freitag, so versprachen sie, würden aus dem *Center for Disease Control* in Atlanta die ersten Testergebnisse eintreffen.

Das Warten schien uns endlos zu dauern. Beau und Aber waren inzwischen bei Grants Eltern, und Grant selbst verbrachte täglich vier Stunden auf der Autobahn, damit er weiterarbeiten und dennoch Ben und mich am Abend sehen konnte. Tagsüber waren Ben und ich miteinander allein.

Eines Tages kam ich mit einer jungen Mutter unten in der Halle ins Gespräch. Sie erzählte, daß sie seit fünf Jahren immer wieder in die Klinik käme. Mit ihrem Sohn würden immer wieder neue Tests gemacht, aber die Ärzte wüßten noch immer nicht, was ihm eigentlich fehlte.

»Fünf Jahre!« Das ging über meine Vorstellungskraft. »Wie halten Sie das aus?«

»Manchmal ist Unsicherheit besser als Gewißheit«, antwortete sie. »Schauen Sie sich doch hier um. Wohin man blickt, sieht man ein sterbendes Kind. Manche haben Krebs, manche Leukämie. Da sind wir noch gut dran.«

Ich dachte nach über das, was sie gesagt hatte, konnte ihr aber nicht recht geben. Für mich war die Ungewißheit die allerschlimmste Qual. Nicht zu wissen, was ihm fehlte. Nicht zu wissen, was man tun konnte. Nicht zu wissen, wie lange es dauern würde. Und wenn Ben Leukämie hatte? Aber die Erfolgsquote bei der Behandlung von Leukämie ist hoch. Damit könnten wir leben. Immerhin, am Freitag würden wir mehr wissen.

Grant arbeitete mit höchster Anstrengung, damit er mit einem bestimmten Auftrag beizeiten fertig würde, um am Freitag mit mir gemeinsam in Stanford die Testergebnisse zu erfahren. Aber am Freitagvormittag rief er mich an und sagte, er würde es vielleicht doch nicht so früh schaffen. Er wollte bei mir sein, sobald er konnte, konnte aber nicht garantieren, daß er noch rechtzeitig zu dem Gespräch mit den Ärzten da wäre.

Ich folgte den Uhrzeigern und beobachtete den Parkplatz. Bald war mir klar, daß ich, so unangenehm mir das auch war, allein mit den Ärzten reden mußte.

»Chris«, sagte Dr. Bertil Glader, der Vorstand der hämatologischen Abteilung, und lud mich in einen Besprechungsraum, »nehmen Sie bitte Platz.«

Ich sah mich in dem Raum um. Da drängten sich die Ärzte. Ich weiß noch, daß ich dachte, zum Verkünden einer guten Nachricht braucht man nicht so viele Leute. Ich sah ihnen an, daß sie sich sorgfältig auf das vorbereitet hatten, was sie mir jetzt sagen wollten. Und ich bekam Angst vor dem, was ich jetzt hören würde.

»Wir haben die Testergebnisse, und einige davon sind eindeutig«, begann Dr. Glader. »Es gibt einige Aspekte von Bens Zustand, die wir noch weiter untersuchen müssen.

Ben hat einen Parasiten. Aber das ist in solchen Fällen nicht ungewöhnlich.«

›*In welchen Fällen?*‹ dachte ich.

»Er hat auch einen geschwollenen Lymphknoten am linken Hals, der auf die Behandlung gut reagiert. Über die Ursache sind wir uns nicht im klaren. Außerdem leidet er unter einem ziemlich schlimmen Befall durch Candidiasis, das ist die Mundfäule im hinteren Rachen, die wir aber durch medikamentöse Behandlung unter Kontrolle halten können. Diese Mundfäule kann, wenn sie nicht behandelt wird, lebensgefährlich werden, weil sie sich unter Umständen über den Kehlkopf zieht und dann die weitere Atmung verhindert. Aber das haben wir, wie ich schon sagte, mehr oder weniger unter Kontrolle.«

Judie Lea, Dr. Gladers Assistentin, nutzte die Pause für eine Zwischenbemerkung: »Chris, möchten Sie nicht lieber auf Grant warten, um den Rest zu hören?«

»Nein«, antwortete ich. Glaubten die wirklich, ich würde jetzt aufstehen und draußen weiter warten? »Nein, fahren Sie bitte fort!«

»Haben Sie schon einmal von dem *Acquired Immune Deficiency Syndrom* gehört, Chris?« fragte Dr. Glader.

Acquired Immune Deficiency — ich wiederholte den Ausdruck leise, tonlos. Alles schoß mir durch den Kopf: Schlagzeilen, Statistiken, Homosexuelle... Aids. *Er sprach von Aids!*

»Sie meinen, Ben hat Aids?«

»Wir haben gewartet, bis die neuesten Testergebnisse da waren, und die sind jetzt eindeutig. Chris, Ben ist testpositiv für das HTLV-III-Virus. Nicht nur für die Antikörper. Ben hat Aids.«

Jetzt begriff ich. Das Privatzimmer. Die Tests, die nach Atlanta geschickt wurden. Die Infektionen, mit denen Ben nicht fertig wurde. Die Worte ergriffen von mir Besitz, während der Arzt mit seiner Erklärung fortfuhr.

Ben war mit dem Virus vielleicht schon vor längerer Zeit in Berührung gekommen, sagte er, aber jetzt sei es zum Ausbruch gekommen. Da der Blutgerinnungsfaktor erst seit zwei Jahren hitzebehandelt wird, Ben aber schon sieben ist, trägt er das Virus vielleicht schon mit sich herum, seit er ein Baby war.

Ben hatte pro Jahr mindestens zwei Dutzend Transfusionen des hochkonzentrierten Faktors erhalten. Und jede Bluttransfusion enthielt Blut von zweitausend Spendern. Das heißt, daß Ben seit seinem ersten Lebensjahr Blut von mehr als achtundvierzigtausend Menschen in sich aufgenommen hatte. Einer von ihnen hatte Aids gehabt. Es war uns ja keine andere Wahl geblieben, wir hatten uns auf diese Menschen verlassen müssen, wenn unser Sohn am Leben bleiben sollte. Nun hatte also einer von ihnen unseren Sohn zum Tod verurteilt — ohne es zu wissen, vermutlich, selbst ein Opfer . . .

Ich hörte mich nach Details dieser Krankheit fragen. Nach der medikamentösen Behandlung. Nach den verschiedensten Nebensächlichkeiten — bis mich Dr. Glader schließlich unterbrach.

»Chris, ist Ihnen klar, was diese Diagnose bedeutet?«

»Ja«, antwortete ich. Natürlich verstand ich — Aids war tödlich. Mein Sohn mußte sterben. Kaum brachte ich die Frage über die Lippen: »Können Sie mir sagen, wie lang er noch zu leben hat?«

»Alles, was wir Ihnen sagen können, ist, daß fünfundachtzig Prozent aller akut an Aids Erkrankten innerhalb eines Jahres nach Ausbruch der Symptome sterben . . .«

Eine entsetzliche Stille herrschte in dem Raum.

»Es tut mir leid, wir können Ihnen nicht genauer sagen, was auf Sie zukommt«, fuhr Dr. Glader fort. »Aber Ben ist unser erster.«

»Er ist auch mein erster«, erwiderte ich.

Ich dankte den Ärzten und nahm ihr Angebot an, später

noch weiter mit ihnen zu sprechen, wenn Grant da war. Ich wollte nur hinaus aus diesem Raum, fort von dem Todesurteil, das sie über meinen Sohn verhängt hatten.

Ein Jahr — zwölf kurze Monate. Ein Geburtstag. Ein Weihnachten. Ein Sommer. Ein Herbst, Winter, Frühling... Seine Worte dröhnten mir in den Ohren: »Fünfundachtzig Prozent aller akut an Aids Erkrankten sterben innerhalb eines Jahres nach Ausbruch der Symptome...«

Ich hatte das Bedürfnis, Ben zu berühren. Die Wärme seines Atems zu spüren, seine Stimme zu hören, wie er mich »Mami« rief, und zu sehen, wie das Gewicht seines Körpers sich in kleinen Kuhlen auf dem Bettzeug abzeichnete. Ein ähnliches Bedürfnis hatte ich bei seiner Geburt gespürt — und bei der Geburt aller meiner Kinder —, nämlich ihn zu berühren und seinen Körper zu betasten, um ganz sicher zu sein, daß er gesund und lebendig war. Wenn ich mich beeilte, dann erreichte ich ihn vielleicht, bevor es offiziell war. Bevor die Diagnose, daß Benjamin Oyler der erste Aids-Patient des Kinderkrankenhauses war, schriftlich festgehalten wurde.

»Hallo, Mami«, sagte Ben, als ich ins Zimmer trat. Er lag im Bett und schaute sich einen Zeichentrickfilm an, ganz vertieft, wie bei allem, was er tat. Natürlich schaute er sich jetzt einen Trickfilm an. Es war ja drei Uhr. Um drei Uhr schaute er sich immer den Trickfilm an. Na also, es hat sich ja nichts verändert. Die haben sich sicher getäuscht. Ich beugte mich über ihn und küßte ihn auf die Stirn und fragte ihn, ob er irgend etwas wollte. Er gab mir keine Antwort. Wie immer, wenn er sich einen Trickfilm anschaute. Irgendwie schöpfte ich daraus Hoffnung.

Ich setzte mich zu ihm ans Bett. Wie tief eingefallen seine Augen unter den langen Wimpern wirkten! Grants Wimpern waren das. Wie schmal sein Gesicht jetzt war, wie breit sein Mund. Sein Mund hatte sonst gar nicht soviel Raum in seinem blassen Gesicht eingenommen. Seine Beine waren abgewinkelt und hielten wie kleine knochige Zeltstangen die Bettdecke hoch.

O Ben, warum mußte es gerade dich treffen?

Ich stand auf und lehnte mich aus dem Fenster, weil mir die Tränen aus den Augen rannen. Wie viele Mütter hatten schon vor mir da auf den Parkplatz hinausgestarrt und heimlich Tränen der Trauer über ihre Kinder geweint? Ich war jetzt eine von ihnen, eine dieser Frauen, die die Mutter mit dem noch nicht diagnostizierten Kind bemitleiden würde.

Und dann fiel mir das Gespräch ein, das Grant und ich noch vor unserer Hochzeit einmal auf dem Golfplatz geführt hatten — über meine Angst, einmal ein Kind zu verlieren. Wie ich sicher war, daß ich den Tod eines meiner Kinder nicht ertragen könnte, daß ich verrückt werden würde, daß ich lieber selbst sterben möchte. Und jetzt wurde mein schlimmster Alptraum Wirklichkeit ...

Ich kann ohne dich nicht leben, Ben. Ich kann nicht. Fast acht Jahre lang schon ist jeder meiner Tage von dir erfüllt. Was soll ich tun, wenn du mich jetzt verläßt? Du und ich, wir sind wie Teile eines Puzzles. Wenn man ein Stück herausnimmt, dann fällt das Bild auseinander und wird nie wieder ganz. Ich habe noch andere Söhne. Ich liebe euch alle ganz gleich. Ja, gleich, aber jeden anders. Denn jeder von euch ist anders. Das Besondere an dir, Ben, ist, daß du mir am ähnlichsten bist. Was auch immer der Mörtel sein mag, der eine Menschenseele zusammenhält, er ist bei uns beiden, bei dir und bei mir, der gleiche. Die gleiche Stärke, die gleiche Neigung zu ganz privaten Selbstzweifeln. Wie habe ich mich deiner Unsicherheiten angenommen, fest entschlossen, daß du viel besser mit ihnen fertig würdest, als mir das je gelang. Ich hab' so viel für dich erträumt.

Ich weiß noch, wie ich einmal, als du vielleicht zwei Wochen alt warst, einen ganzen Tag lang neben dir im Bett lag und deinen Eintritt in diese Welt zu verstehen suchte. Sonnen-

licht strömte durch die Balkontür herein, und die Blicke deiner Augen wanderten umher, als hinge noch ein dünner Schleier zwischen dir und diesem neuen Erlebnis. Du warst so frisch von Gott gekommen, daß ich dachte, du müßtest noch die Engel flüstern hören.

Ist es möglich, daß die Engel damals schon wußten, was dir bevorstand? Haben sie es dir gesagt?

Ich weiß noch, wie mein Herz freudig hüpfte, als du deinen ersten Schritt tatest. Als du dein erstes Wort sagtest. Als du zum ersten Mal in den Kindergarten gingst, die kleine Tasche mit deinem Pausenbrot hattest du umgehängt. Ich sah dir nach und fragte mich, warum die Jahre so schnell vergangen waren.

Und was ist jetzt mit deiner Stellung als Erstgeborener? Wird es Beaus erstes Rendezvous sein, an das wir uns erinnern? An seinen Eintritt ins College? Seine Hochzeit?

Ben, du kannst nicht sterben. Noch nicht. Du kannst nicht sterben, weil ich mir ein Leben ohne dich nicht vorstellen kann. Und wenn ich, die dir das Leben gab, mir deinen Tod nicht vorstellen kann, wie kannst du da sterben?

Jetzt sah ich, wie Grants Kombiwagen in den Parkplatz einbog, vorbei an unserem Fenster, und in eine freie Parklücke rollte. Ich mußte schnell zu ihm.

Leise murmelte ich »Bin gleich zurück« zu Ben und lief Grant entgegen, aber meine Beine wollten mich kaum tragen. Der Boden schien unter meinen Füßen härter zu werden.

Ich sehnte mich nach Grants Umarmung. Nur Grant konnte mich jetzt trösten, denn nur sein Schmerz war so groß wie meiner.

Ich rannte Grant die letzten paar Schritte stolpernd entgegen und barg mein Gesicht an seiner Brust. Sprechen konnte ich nicht. Ich konnte keine Worte finden.

»Chris, was ist denn?«

Ich fing zu weinen an.

»Es ist Aids, Grant. Er hat Aids.«

Ich erkannte an seinem Gesichtsausdruck, daß er es schon geahnt hatte. Er war nicht überrascht. Wie lange hatte er es vermutet? Eine Woche? Zwei Wochen? Wie viele Kacheln hatte er gelegt, wie viele lange Fahrten gemacht, allein mit seiner Angst, nur um mich noch ein paar Tage lang zu schonen?

Tränen standen in seinen Augen, als er mich noch fester an seine Brust drückte. »Wir werden das schon durchstehen, Chris. Das weiß ich. Ich hab' in den letzten paar Wochen viel gebetet. Ich weiß, daß alles gut wird.«

Gemeinsam gingen wir zu einem zweiten Gespräch mit demselben Ärztekollegium.

»Jede Krankheit kann tödlich sein, ganz besonders Windpocken«, sagte Dr. Glader.

»Also die zumindest hat Ben schon gehabt«, entgegnete ich erleichtert. »Dagegen ist er immun.«

»Sein Abwehrsystem ist stark beeinträchtigt«, gab Dr. Glader zurück. »Er ist jetzt gegen gar nichts mehr immun.«

Ich fragte immer wieder, was als nächstes käme — und was danach. Ich mußte alles wissen, auch das Schlimmste. Ich mußte es wissen, um es zu verstehen und um mir mit Grant gemeinsam zu überlegen, was wir tun könnten.

Die Ärzte sagten uns, sie würden zunächst die Symptome behandeln und erst dann versuchen, das grundlegende Problem der Abwehrschwäche anzugehen. Der Ausschlag war durch die medikamentöse Behandlung bereits schwächer geworden. Und die Mundfäule im Rachen war einigermaßen unter Kontrolle, und zwar durch einen Spray, den Ben verabscheute, der aber nicht zu vermeiden war. Gegen den Parasiten, der ja schließlich die ärgsten Störungen verursachte, wollten die Ärzte jetzt ein neues kanadisches Mittel einsetzen.

Grant und ich stellten eine Menge Fragen im Hinblick auf die medikamentöse Behandlung, denn die Ärzte sagten uns, daß Ben nicht im Krankenhaus bleiben müßte, wenn wir uns seiner Betreuung selbst gewachsen fühlten. Das war mir eine große Erleichterung.

Sofort nach dem Gespräch gingen wir zu Ben zurück. Ich war ja lange fort gewesen.

»Na, wie geht's, Ben?« fragte Grant und gab ihm einen Kuß.

»Ich bin okay.«

»Abendessenszeit ist lang vorbei, Ben. Wie wär's mit einem Bissen? Irgend etwas ganz Besonderes? Mami oder ich könnten dir alles holen, was du willst . . .«

»Nicht jetzt, Papa. Danke.«

Ben wußte nicht, daß wir mit den Ärzten gesprochen hatten, und wir sagten es ihm nicht. Noch nicht. An diesem Abend hatte keiner von uns die Kraft dazu. Jeder einzelne Bestandteil meines Körpers fühlte sich an wie zerschlagen. Die ganze Woche hatte ich auf einem Feldbett in Bens Zimmer geschlafen. Aber die Nächte waren ohnehin nur eine endlose Folge von Gängen zur Toilette — von Ruhe keine Rede. Grant wollte bei Ben bleiben, ich sagte also gute Nacht und ging allein hinüber zum Ronald-McDonald-Haus.

Das Ronald-McDonald-Haus ist eine Art größere Holzhütte auf dem Areal des Krankenhauses, wo Familienangehörige von Patienten für fünf Dollar pro Nacht ein Zimmer mieten können. In der Halle gibt es einen großen, schönen Baum aus Messing, dessen Blätter die Namen jener Kinder tragen, die hier gestorben sind. Die Wände sind in fröhlichen Grundfarben bemalt — aber trotzdem fühlt man sich hier einsam. Einsam und voll Trauer. Die Räume sind von Leiden durchtränkt.

Ich ging zu Bett, aber ich konnte nicht schlafen.

In meiner Vorstellung drängten sich Bilder von Ben. Ben, wie er mir einen Strauß Blumen brachte, den er in einem Nachbargarten gepflückt hatte, als er noch ganz klein war.

Ben, wie er mir mit fünf Jahren ein Herz aus Ton schenkte, auf dem groß stand: *Ich liebe Dich.* Ben, wie er lachte ... Ben, wie er schmollte ... Ben, wie er lächelte.

Nie, nie würde ich diese Bilder vergessen können.

Warum Ben? Warum Ben?

Wie oft hatte ich mir diese Frage schon gestellt? Warum mußte — neben all den unschuldigen Opfern — gerade Ben auch Aids bekommen? Es war so unfair! Die Bluterkrankheit war doch schon schlimm genug für einen kleinen Jungen, der so gern ganz normal gewesen wäre, so gern Fußball gespielt hätte wie die anderen Buben auch.

Oder war es möglich ... vielleicht war da etwas ganz tief drinnen in Ben, etwas, von dem ich weiß, das ich aber nicht erklären kann ... es hat mit seinen Tagträumen zu tun, mit seiner Entschlossenheit, seiner Ausdauer. Etwas, das er nicht von mir hat. Etwas, das ihm ganz allein gehört.

Unser Vater im Himmel, willst Du wirklich Ben von mir nehmen? Brauchst Du ihn denn so? War es ... kann es denn Dein Wille sein, daß Ben Aids bekam? Segne ihn bitte, o Herr. Er ist doch nur ein kleiner Junge. Er ist mein Sohn, und ich liebe ihn. Bitte nimm ihn mir nicht!

Ich drehte die Lampe neben meinem Bett wieder auf und nahm »Die Fahne« in die Hand, eine Zeitschrift der *Kirche der Heiligen Jesu Christi der Letzten Tage.* Grant und ich, wir sind Mormonen; und meistens fand ich in dieser Zeitschrift etwas, das meine Seele ansprach. Aber diesmal konnte ich mich nicht konzentrieren. Zu viele Fragen rotierten in meinem Gehirn, und auf keine fand ich Antwort.

Dann nahm ich den Telephonhörer und rief in Bens Zimmer an.

»Hallo«, sagte Grant. Seine Stimme war ganz leblos.

»Schläfst du?«

»Nein, ich lieg' nur so da. Bist du in Ordnung?«

Ich konnte nicht sprechen, ich weinte nur einfach ins Telephon.

Ein paar Minuten später war Grant da und kam zu mir ins Bett. Es war so schön, ihn neben mir zu wissen, so jung, gesund und stark. Wir umarmten uns und weinten.

»Grant«, sagte ich nach einer Weile, als ich vor Erschöpfung nicht mehr weinen konnte. »Glaubst du, es ist Gottes Wille, daß Ben stirbt?«

»Ich glaube nicht, daß Gott wollte, daß Ben Aids bekam. Aber ich weiß, daß Gott Ben gesundmachen kann.«

»Aber wenn Gottes Wille und unser Wille nicht der gleiche sind?«

»Das können wir nicht wissen, Chris. Es gibt Wunder. Es gibt wirklich Wunder. Vielleicht brauchen wir nur ein kleines Wunder. Zeit. Nur soviel Zeit, damit die Medikamente wirken. Nur soviel Zeit, daß die Ärzte und Forscher die richtige Behandlung finden.«

Ich lauschte Grants Worten und fand Trost darin. Ich sagte sie mir immer wieder vor. Es gibt Wunder. Es gibt wirklich noch Wunder.

Glaube. Glaube und Liebe. Das war es, was wir jetzt brauchten. Und beides hatten wir im Überfluß.

Die Ärzte hatten uns keine Hoffnung gegeben. Wir mußten also selbst Hoffnung finden.

II
»Gibt's im Himmel auch Tacos?«

Die Ärzte hatten für Ben alles getan, was sie tun konnten. Wenigstens vorläufig. Wir waren mit der einfachen Frage zu ihnen gekommen: »Was fehlt unserem Sohn?« Und sie hatten darauf geantwortet. Aber jetzt trug alles in unserem Leben ein Fragezeichen, und diese Fragen konnte niemand beantworten. Niemand, nur die Zeit.

Von jetzt an mußten wir lernen, mit den Fragen zu leben, sie zu akzeptieren — und mit ihnen weiterzuleben.

Die Ärzte hatten Ben ein Jahr gegeben. Aber was wußten sie denn schon von unserer Familie? Von unserem Glauben? Was wußten sie denn überhaupt von Ben? Daß er das erste Kind mit Aids war, das sie jemals in Stanford hatten. Sonst nichts. Solange Ben im Krankenhaus blieb, so warm und hell es dort auch war, solange würde er immer der kleine Junge hinter den doppelten Isolationstüren bleiben. Der kleine Junge mit Aids.

Wir mußten ihn heimbringen.

Zu Hause hatte er seine kleinen Brüder, die ihm die Zeit vertrieben. Darcy, den Familienhund, der mit ihm spielte. Und seine Eltern, die immer hinter ihm standen, komme, was da wolle. Statt der Klinikkost konnte ich ihm zum Mittagessen Buchstabensuppe und ein gegrilltes Käsesandwich machen. Er konnte mit mir im Garten arbeiten, wie er das immer so gern getan hatte. Er konnte wieder Ben sein.

Natürlich würde das den Ärzten dumm vorkommen, das war mir klar: aber jetzt, wo ich wußte, was Ben hatte, glaubte ich wirklich, daß ich ihm helfen konnte. Aids konnte ich nicht heilen, das war Sache der medizinischen Forschung. Aber war es nicht vielleicht möglich, daß ich, Bens Mutter, die ich doch besser als irgend jemand sonst wußte, wie sein Körper reagierte, — daß ich bei der Heilung dessen, was die Ärzte die »Symptome« nannten, helfen konnte? Der Mundfäule im Rachen, der Schwellung im Nacken, des Parasiten im Magen? Und wenn es mir vielleicht — vielleicht — gelingen sollte, mit diesen Problemen fertig zu werden, dann könnten sich die Ärzte darauf konzentrieren, Bens Immunschwäche zu behandeln ...

Vielleicht brauchten wir nicht einmal ein großes Wunder, sondern nur ein paar kleine. Genügend Geduld, um durchzuhalten und nicht den Mut zu verlieren. Genügend Zeit, bis die medizinische Forschung ein Mittel gegen Aids fand. Wenn wir nur alle unsere Mittel und Gaben voll einsetzten — die Liebe in unserer Familie, das Wissen und das Engagement der Ärzte, unseren Glauben an Gott —, dann würden wir Ben schon durchbringen. Ja, das mußte gehen. Ich begann, neue Hoffnung zu schöpfen.

Als wir Bens Sachen für die Abreise packten, wurde ich wieder unruhig. Die Schachteln mit Spielsachen, die er hier bekommen hatte. Seine Kleidung, die ihm jetzt etwas zu groß war. Und die Medikamente, einschließlich der kostbaren kleinen rosa-gelben Kapseln aus Kanada, von denen wir uns jetzt am meisten versprachen.

Leicht würde es nicht sein. Das wußte ich. Sobald wir zu Hause waren, war ich auf mich allein gestellt. Ich, Chris, achtundzwanzig Jahre alt. An meinem letzten Geburtstag war ich mir schon so alt vorgekommen. Jetzt fühlte ich mich so jung, so unerfahren. Ich war eine Hausfrau mit drei kleinen Kindern, und ein weiteres — ein weiteres Baby — war unterwegs. Schon jetzt fand ich ja kaum Zeit, um alle notwendigen Dinge zu erledigen. Wie würde das werden, wenn eines meiner Kinder fast ununterbrochen meiner Pflege bedurfte? Der Sommer kam, bald war für Beau die Schule aus. Wie würde ich es fertigbringen, auch ihm und Aber eine gute Mutter zu sein? Wie würde es mir gelingen, mich des Babys wegen manchmal auszuruhen, wenn es notwendig war? Und wie um Himmels willen sollte es weitergehen, wenn das Baby da war? Wie krank würde Ben dann sein? Was, wenn Ben ...?

Ich bemühte mich, das Band im Geist zurückzuspulen, die Was-Wenn-Frage zu löschen. Wenn ich jetzt schon anfing, mir solche Fragen zu stellen, dann war ich der Zukunft bald gar nicht mehr gewachsen. Vorläufig mußte ich diese Fragen vor mir selbst wegschließen, an einen Ort, wo niemand Zugang zu ihnen hatte, nicht einmal ich selbst.

Ich wußte, was meine Mutter sagen würde: Immer nur einen Tag auf einmal. Laß dich nicht plattdrücken! Nimm jeden Tag, wie er kommt. Daran mußte ich mich jetzt halten.

»Okay, Ben, du kannst dich jetzt anziehen und heimgehen«, sagte die Schwester und nahm die Injektionsnadel heraus, mit der Ben wochenlang an einen Tropf angeschlossen gewesen war. Sie sprach so gutgelaunt, als wäre seine Krankheit ebenso vorüber wie sein Aufenthalt im Krankenhaus.

»Okay!« rief Ben, rutschte aus dem Bett und suchte seine Tennisschuhe. Dann zog er sich an, und ich klippte ein Paar funkelnagelneue Hosenträger auf seine viel zu großen Jeans. Er hielt es nicht aus, wenn er irgend etwas um seine Taille hatte.

Ben schnappte sich seinen liebsten Transformer-Roboter aus der Spielzeugschachtel und ging vor uns hinaus. Er wollte allein gehen. Grant nahm mich bei der Hand, und wir gingen durch die Doppeltür, vorbei am Laboratorium, und ließen den Geruch von Alkohol und frisch gezapftem Blut hinter uns. Ben rief noch Judie Lea einen schnellen Abschiedsgruß zu, dann traten wir hinaus in die Sonne. Wir fuhren heim.

Es war ein herrlicher Frühsommernachmittag, deshalb beschlossen wir, auf unserem Lieblingsweg nach Hause zu fahren, auf der Straße durch den Sequoiawald. So brauchte man zwei Stunden bis nach Carmel, fast doppelt so lang wie auf der Autobahn. Aber wir hatten es nicht eilig. Beau und Aber waren noch bei der Großmutter. Ben lag im Fond des Wagens in dem Bett, das wir ihm gemacht hatten, und die ersten paar Meilen schaute er einfach mit seinem verträumten Blick auf die vorbeihuschende Landschaft — wenn er diesen Blick hatte, dann hätte ich immer gern gewußt, woran er wohl gerade dachte. Nach ein paar Minuten fragte er, ob er nach vorn kommen und auf meinem Schoß sitzen dürfte. Früher hätte ich nein gesagt, weil das zu gefährlich ist. Aber das wäre mir jetzt lächerlich erschienen.

Er schmiegte sich etwas unbeholfen an meinen schon etwas größeren Bauch, legte den Kopf auf meine Schulter und die Füße in Grants Schoß.

»Was fehlt mir denn?« fragte er. »Was haben die Ärzte gesagt?«

Früher war es mir immer gelungen, meine Jungen zu beruhigen, ihnen alle diese Dinge zu sagen, mit denen Mütter eben ihre Kinder trösten: »Es wird schon alles gut.« Oder: »Mach dir keine Sorgen.« Oder: »Papa wird das schon in Ordnung bringen, wenn er heimkommt.« Aber jetzt fiel mir nichts ein. Nicht, daß ich es ihm nicht sagen wollte. Es verschlug mir einfach die Sprache. In meiner langen Liste von mütterlichen Sprüchen gab es nichts, was paßte.

Grant und ich hatten schon überlegt, wie wir es Ben sagen würden. Aber wir hatten nicht genau geplant, was wir sagen, welche Worte wir verwenden würden. Wir hatten beschlossen, daß wir uns zu Hause mit ihm zusammensetzen und ganz ehrlich mit ihm sein würden, wie wir das immer mit unseren Jungen waren. Nur mußten wir diesmal doch aufpassen, daß wir ihm keinen zu fürchterlichen Schock zufügten. Und die nackte Wahrheit war nun einmal sehr erschreckend.

»Also, Ben, wir hätten uns ja denken können, daß Dr.

Penn recht hatte mit dem Parasiten«, begann ich. »Sie haben in deinem Magen einen gefunden. Deshalb tut dir dein Bauch so weh, und deshalb hast du auch diesen Durchfall. Und der weiße Belag in deinem Mund, das nennt man Mundfäule.«

Ich wartete auf weitere Fragen. Aber Ben wartete auf weitere Antworten.

»Und der Grund, warum du diese Sachen nicht schneller loswirst, ist der, daß du noch etwas anderes hast. Das nennt man Aids. Und das ist deshalb so unangenehm, weil die Ärzte sich auch nicht gut damit auskennen. Du bist der erste kleine Junge, der ihnen damit untergekommen ist, Ben.«

»Und was sagen sie, wann ich wieder gesund werde?«

»Das wissen sie nicht genau, Ben«, sagte Grant. »Aber die Ärzte haben uns ein paar Medikamente gegeben, die gut für dich sind. Ein paar Pillen, und dann diesen köstlichen gelben Halsspray, den du so schätzt. Glaubst du, du kannst ihn noch eine Weile ertragen, wenn es dir damit bessergeht?«

Ben zog ein Gesicht und griff sich an die Gurgel, so wie kleine Jungen das eben tun, wenn sie ein giftiges Monster aus einem spätnächtlichen Horrorfilm darstellen wollen.

»Wenn's sein muß«, sagte er schließlich. »Aber ich verstehe nicht, was ich getan habe, um das zu bekommen. Alle anderen haben doch das gleiche Wasser getrunken wie ich. Also warum bin ich als einziger krank geworden?«

Grant und ich brauchten einen Moment, um uns vermittels jenes Radars zu verständigen, mit dem Eltern üblicherweise klären, wer von ihnen eine besonders schwierige Frage eines ihrer Kinder übernimmt. Gut. Grant war bereit, die Sache auf sich zu nehmen.

»Also, Ben, es ist ziemlich kompliziert«, sagte er. »Du hast nicht von dem Wasser Aids bekommen, sondern vom *Faktor VIII*. Es ist ein Virus, und irgend jemand, der das Blut gespendet hat, aus dem sie dann den Faktor machen, hatte auch dieses Virus. Weißt du was? Wir setzen uns zusammen und reden ausführlicher darüber, nachdem du dich zu Hause ein bißchen ausgeruht hast. Und jetzt überlegen wir uns, was wir Lustiges zusammen tun könnten, nur du und ich und Mami.«

»Was zum Beispiel?«

Etwas Lustiges? Was konnte jetzt noch lustig sein? Nicht Skifahren, nicht Breakdance, nicht einmal Radfahren kam für Ben vorläufig in Frage. Was konnten wir uns denn noch Lustiges vornehmen?

Ich beugte mich vor und tat, was ich immer tat, wenn ich weder aus noch ein wußte, wenn ich mir genau überlegen mußte, wie's jetzt weitergehen sollte. Ich zog meinen Notizblock heraus und fischte einen Kuli aus meiner Handtasche. »Machen wir doch eine Liste!« sagte ich.

Grant und die Buben waren an meine Listen gewöhnt. Wahrscheinlich glaubten sie, daß ich damit schon erblich belastet wäre. Wenn ich fürchte, den Anforderungen meines Lebens nicht mehr gewachsen zu sein, machte ich eine Liste. Wenn ich dann die Einzelheiten niederschrieb, gab mir das ein Gefühl von Ordnung, selbst wenn tatsächlich davon keine Rede sein konnte. So eine Liste half mir, mein Leben in kleine, überschaubare Portionen einzuteilen. Ich machte nicht nur normale Einkaufslisten, sondern auch Listen für die besonderen Pläne und Erledigungen, weil ich sonst immer fürchtete, gerade diese zu vergessen: Spiele, die wir mit den Jungen spielen wollten. Traumferien für Grant und mich. Meine Listen enthielten immer Ziele, auf die ich hinarbeiten wollte. Und wenn ich eines davon als erledigt abhaken konnte, dann war ich befriedigt, so als hätte ich ein mir selbst gegebenes Versprechen gehalten und eingelöst. Und das wollte ich jetzt auch für Ben tun. Ihn ein bißchen träumen lassen, seine eigenen Ziele für ihn festhalten. Ziele, die ihn zum Teilhaber an seiner eigenen Zukunft machen würden.

»Machen wir eine Liste von allem, worauf wir uns freuen«, sagte ich. »Wie ist's mit diesem Sommer? Wenn du dir aussuchen könntest, was du in diesem Sommer machen möchtest, was würde das sein?«

»Disneyland!« rief er. »Weißt du noch, Mami, du hast gesagt, wenn ich acht bin, fahren wir zu meinem Geburtstag nach Disneyland. Hast du's vergessen?«

Ben hatte am 28. Juni Geburtstag, das war in weniger als einem Monat. Seinen Geburtstag hätte ich selbstverständlich nicht vergessen. Aber von Disneyland war mir nichts bewußt. Das sah Ben ähnlich — so fädelte er seine Vorschläge immer ein, wenn er irgend etwas unbedingt erreichen wollte. Dann ging er so vor, als wäre das Ganze ohnehin bereits beschlossene Sache, als hätte ich bereits den Stempel meiner mütterlichen Zustimmung daraufgedrückt. Das klappte nicht immer. Aber jetzt war nicht immer.

»Aber noch lieber als nach Disneyland möchte ich zum Oyler-Tahoe-Familientreffen«, sagte er.

Jedes Jahr traf sich Grants Familie am Lake Tahoe. Aber dieses Jahr war das Treffen wegen Ben abgesagt worden. Die Planung lag auf Eis.

»Das ist aber abgesagt, weil niemand ohne dich fahren wollte, Ben«, entgegnete Grant.

»So ein Mist«, murmelte Ben.

»Ben, glaubst du, daß du gesund genug bist für das Familientreffen?« fragte Grant.

»Na klar, ich freu mich doch schon so drauf.«

»Okay, dann ruf ich Opa an, wenn wir zu Hause sind, und wir werden sehen, was sich machen läßt.«

»Das wär' super, Dad! Ich möchte meine Cousins wahnsinnig gern wiedersehen!«

»Worauf freust du dich sonst noch, Ben?« fragte ich.

»Auf neue Freunde, wenn im September die Schule wieder anfängt«, antwortete er.

»Vielleicht kommst du in eine neue Schule, Ben«, sagte Grant. »Mami und ich haben überlegt, daß wir vielleicht in ein größeres Haus umziehen sollten, bevor das Baby im November auf die Welt kommt, und das wäre vielleicht am besten noch vor Schulanfang. Dann könntet ihr beide, du und Beau, das neue Schuljahr gleich mit ganz neuen Freunden anfangen.«

»Heißt das, daß ich Jessica nicht mehr sehen kann?«

»Aber keine Spur, Ben«, warf ich ein. »Du brauchst doch deine alten Freunde nicht aufzugeben, nur weil du in eine neue Schule kommst.«

»Stimmt. Wenn man wirklich Freundschaft hält, tut man das nicht. Können wir Jessica anrufen, wenn wir zu Hause sind, Mami, und fragen, ob's ihr bessergeht? Ich möchte sie wirklich gern sehen. Wirklich sehr gern.«

Ich nickte. Aber aus irgendeinem Grund zögerte ich, Jessicas Name auf meine Liste zu setzen.

Ben nahm mir den Kuli aus der Hand und schrieb ihren Namen unter meine Notizen für das neue Haus und die neue Schule: J-E-S-S-I-C-A.

»He, Ben!« rief Grant, das Thema wechselnd. »Was geschieht, wenn du acht bist?«

»Ich werde getauft. Schreib's hin, Mami. In Blockschrift.«

T-A-U-F-E.

»Und...«

»Meine Geburtstagsparty«, fuhr Ben fort. »Zitronenkuchen, Mami. Du weißt schon, der, wo die Zitronenglasur an den Seiten runterläuft...«

Ben warf einen Blick auf meine anwachsende Liste.

»Da fehlt noch was... mein neuer kleiner Bruder.«

»Du meinst Chelsea«, korrigierte ich ihn.

Ben grinste mich an. Diesen Dialog kannten wir beide jetzt schon auswendig. Wir hatten ihn schon vor Abers Geburt eingeübt. Schon damals wollte Ben noch einen Bruder, ich aber ein Mädchen.

»Mami, bitte noch einen Jungen, ja? Ich möchte so gern

noch einen kleinen Bruder. Nur noch einen, dann kannst du Chelsea haben. Okay? Abgemacht?«

Wir lachten alle. Ben war also fest entschlossen.

»Warten wir ab und schauen wir, was wir bekommen. Wir werden uns über beides freuen, hab' ich recht?«

Ben blickte zweifelnd. Aber er stimmte mir schließlich doch zu. Ich schrieb »Baby« ans Ende meiner Liste und steckte mein Notizbuch wieder weg.

Ich hatte das Gefühl, immerhin irgend etwas erreicht zu haben. Wenigstens hatten wir einen Plan. Einen Ort für den Start und ein paar Wegweiser, die uns die Richtung zeigen würden, wenn wir uns verloren glaubten. Für die Gegend, die auf uns wartete, gab's noch keine Landkarten. Wir mußten unseren Weg allein finden.

Grant mußte sich auf die kurvenreiche Straße konzentrieren. Wir waren jetzt tief drinnen im Sequoiawald. Wenn ich die Hand ausstreckte, konnte ich die dunkle, rotorangefarbene Rinde der Riesenbäume fast berühren, wie wir an einem nach dem anderen vorbeifuhren. Ich liebte diese Fahrt. Der Wald war so gewaltig und so still, daß er mir beinahe wie heilig vorkam. Man sah nichts anderes als riesige Baumstämme, die bis hinauf zum Himmel reichten, und nur ganz oben über den Wipfeln noch ein kleines Stück Blau.

Wir fuhren stumm dahin, glücklich, daß wir in diesem herrlichen Wald und beisammen waren. Ich mußte jetzt lernen, solche Momente zu genießen, wie sie kamen, und weder vorwärts noch rückwärts zu schauen. Denn nichts war mehr so wie früher, wenigstens für lange Zeit nicht mehr. Und ich wußte nicht, ob die Zukunft mein Freund sein würde — oder mein Feind.

In dieser Nacht kuschelte sich Ben tief in den vertrauten Geruch seines eigenen Bettzeugs und schlief. So tief, wie damals als Baby, wenn er auf seiner verknautschten gelben Decke einschlief. Auch die nächsten beiden Tage verschlief er fast gänzlich. Am dritten Morgen machte ich gerade das Frühstück, als ich die Tür zum Patio leise aufgehen und Ben fragen hörte, ob er hinausgehen und mit Darcy, unserem Basset, spielen dürfe. »Klar, Schatz, aber das Frühstück ist gleich fertig«, antwortete ich.

Erst ein paar Sekunden später fiel mir auf, wie *normal* diese kurze Unterhaltung war. Früher hätte ich nichts daran gefunden. Aber jetzt war alles, was normal war, so schön, so tröstend. Die Normalität war jetzt für mich das Leben selber.

Ich konnte es gar nicht mehr erwarten, Beau und Aber abzuholen. Am Abend würde wieder die ganze Familie beisammen sein.

Beau und Aber waren bei meiner Mutter in Los Angeles. Mutter und Ralph wollten sie im Wagen bis San Luis Obispo bringen, dort sollten wir sie übernehmen. Ben hatte sich jetzt zwei Tage lang ausgeruht, und ich fand, daß er viel besser aussah. Ich war ganz zuversichtlich, bis ich den Schock auf dem Gesicht meiner Mutter sah. Sie und Ralph hatten Ben seit dem ersten Bauchweh damals in Park City nicht mehr gesehen, das war schon über zwei Monate her. Es schien jetzt, als wäre es in einem anderen Leben gewesen. Als wir wegfuhren, sah ich noch, wie Ralph meiner Mutter einen Arm um die Schultern legte.

Auf dem Heimweg war der Rücksitz unseres Kombiwagens erfüllt vom Gelächter kleiner Jungen. Unserer Jungen. Unserer drei kleinen Jungen, die sich freuten, daß sie wieder beisammen waren. Ben stürzte sich schon auf die Leckerbissen, die Beau und Aber von Oma mitbrachten. Wir waren so glücklich über ihr Gelächter...

Als Ben am nächsten Tag seinen Mittagsschlaf machte, redeten Grant und ich mit Beau und Aber und erklärten ihnen, daß Ben noch immer krank war. Sehr krank sogar, und daß er viel mehr Ruhe brauchte als sonst. Über Aids redeten wir nicht. Das hatte wohl nicht viel Sinn.

Grant mußte zurück zu seiner Arbeit. Er hatte dadurch, daß er bei uns im Krankenhaus gewesen war, viel Zeit versäumt, und er mußte jetzt zwölf bis vierzehn Stunden am Tag arbeiten, um die Umbauverträge, die er abgeschlossen hatte, einhalten zu können. Aber als er aus dem Haus ging, fühlte ich mich plötzlich richtig verlassen. Immer, wenn bisher etwas wirklich Schweres in meinem Leben aufgetaucht war, konnte ich mit irgend jemandem darüber sprechen. Mit Grant. Oder mit meiner Mutter. Aber jetzt hatte ich niemanden, denn niemand wußte mehr als ich.

Diese ersten Wochen waren für uns alle sehr schwer. Ich sagte mir, daß wir das eben durchstehen, uns an unsere neue Lebensweise gewöhnen, uns an den Anblick des neuen Ben gewöhnen müßten. Er war noch immer so dünn und so bleich. Ich sagte mir, es würde schon leichter werden. Es ginge doch aufwärts mit Ben, wenn auch nur so langsam, daß man es von einem Tag auf den anderen nicht bemerken konnte. Ich sagte mir, daß ich um die guten Zeichen nicht zuviel Aufhebens machen dürfte: wenn Ben zum Mittagessen ein ganzes Sandwich verdrückte und im Magen behielt, wenn er mit seinem Fahrrad um den Häuserblock fuhr — denn wenn ich den guten Zeichen soviel Aufmerksamkeit zugestand, dann durfte ich ja auch die schlechten nicht übersehen: seinen Durchfall, sein Erbrechen, seine Erschöpfung.

Es war ein täglicher Kampf. Um sechs Uhr früh läutete der Wecker, dann stand Grant auf und ging ins Badezimmer, um sich zu duschen, während ich noch liegen blieb. Ich war jetzt im vierten, fast schon im fünften Monat. Ich brauchte mehr Schlaf. Das redete ich mir jedenfalls ein. In Wirklichkeit wollte ich nur die Decke über den Kopf ziehen und die letzten paar Wochen zum Verschwinden bringen. Ich wurde einfach das Gefühl nicht los, daß das alles eine Art Mißverständnis wäre. Das war doch gar nicht möglich, das konnte uns doch gar nicht passieren, weder Ben noch uns selber! Da hatte jemand eine falsche Postleitzahl aufs Paket geschrieben, und so war es an der falschen Adresse abgeliefert worden ...

Was hatten wir denn getan, um das zu verdienen? Warum hing diese dunkle Wolke gerade über unserem kleinen Haus, wenn ich doch sah, wie draußen, schon auf der anderen Straßenseite, die Sonne schien? Ich wollte losweinen. Ich wollte eine Zeitmaschine, um mich aus dem Hier und Jetzt fortzubringen, dorthin, wo alles noch so war wie früher.

Dann kam Grant aus dem Badezimmer und küßte mich, manchmal legte er die Hand auf meinen Bauch, um zu sehen, ob er das Baby strampeln fühlen konnte, und ermahnte mich, mir immer nur eine Stunde auf einmal, einen Tag auf einmal zuzumuten. Oft sagte er mir, daß er mich liebe und daß wir das miteinander schon durchstehen würden. Und dann dachte ich: Ja, es wird schon alles wieder gut. Wenn Grant daran glaubt, dann stimmt es auch. Er war mein Felsen im Sturm, das Pfand, daß mir immer einer beistehen würde, ganz gleich, was geschah.

Dann stand ich auf und dachte mir, daß es vielleicht ein Glück war, daß ich aufstehen mußte, denn ein anstrengender Tag war immer noch besser, als im Bett liegen zu bleiben, ganz allein mit meinen Ängsten. Und daß der Tag anstrengend würde, dafür war gesorgt.

Die Schule war jetzt schon aus, Beau war zu Hause und hatte schon verschiedene gesellschaftliche und sportliche Verpflichtungen. Und Aber war, wie immer, ein kleines, wildes Teufelchen, ein Dreijähriger, der seine Nase in alles stecken mußte. Und Ben brauchte fast ununterbrochene Pflege und Zuwendung. Sein Durchfall hörte überhaupt nicht auf. In unserem Reihenhaus gab es zwei Schlafzimmer und ein Badezimmer, und Ben mußte den ganzen Tag hindurch und manchmal auch noch die ganze Nacht fast jede Stunde einmal aufs Klo. Er trug jetzt meist ein U-förmiges Becken mit sich herum, weil er sich noch immer häufig erbrach, und manchmal schaffte er es nicht bis ins Badezimmer. Oft hatte ich jetzt fünf Waschmaschinenladungen pro Tag.

Ich hatte mir irgendwie vorgestellt, daß ich die Jungen für die Krankheit und sonstigen Schwierigkeiten mit kleinen Ausflügen und anderen Unternehmungen entschädigen würde. Ich hatte mir kleine traute Momente mit Beau und Aber und natürlich auch mit Ben ausgemalt. Doch zwischen Waschmaschinenläufen von einer halben Stunde, der Versorgung mit Medikamenten, plötzlichen Einkäufen, wenn Ben auf einmal wirklich etwas essen wollte, das wir dann gerade nicht im Haus hatten, fand ich dazu einfach keine Zeit.

Meine große Aufgabe, der ich mich stellen wollte, wurde aufgezehrt, zerfetzt von einer Unzahl kleiner, nervenzermürbender, zeitraubender Zwischenfälle. Hygiene, zum Beispiel. Wir hatten keine Angst, daß einer von uns von Ben Aids bekommen könnte, denn man hatte uns erklärt, daß die Immunschwäche fast ausschließlich durch den Geschlechtsverkehr weitergegeben wird oder durch andere Formen des Austausches von Körperflüssigkeiten, wie eben eine Bluttransfusion. Aber die anderen Erkrankungen waren ansteckend, besonders Bens Mundfäule. Ich mußte besonders aufpassen, weil ich ja schwanger war und außerdem mit Bens Körperflüssigkeiten in Berührung kam. Wir stellten Pappbecher und Flüssigseifenspender im Badezimmer auf; aber es war schon schwer genug, auf Beau und Aber aufzupassen, geschweige denn zu verhindern, daß sie zum Beispiel von Bens Eislutscher schleckten!

Am meisten tat es mir weh, daß sich die Jungen jetzt nicht mehr so gut vertrugen wie früher. Das fing schon mit den Spielsachen an, die Ben im Krankenhaus bekommen hatte. Tolle Autos mit Batteriebetrieb, Roboter mit leuchtenden Augen, also genau solches Spielzeug, das sich jedes Kind sehnlichst zu Weihnachten wünscht. Beau und Aber fingen immer wieder an, darum zu raufen. Manchmal versuchte Ben, den Schiedsrichter zu spielen. Aber dann war er wieder so erschöpft, daß er sich die Ohren zuhielt und die beiden aus dem Zimmer schickte. Das machte es auch nicht besser, denn schließlich war es ja auch ihr Zimmer, also fühlten sie sich zutiefst gekränkt. Wir brauchten ein größeres Haus. Bald!

Ich bemühte mich sehr, mit meinen Buben Zeit außerhalb des Hauses zu verbringen, kleine Ausflüge zum Aquarium oder in den Park zu unternehmen. Aber an manchen Tagen war das Ben einfach zu anstrengend, oder aber er fühlte sich nur um so kränker an einem Ort, wo alle anderen Kinder lachten, sich vergnügten und herumtollten. Es ergab sich deshalb immer öfter, daß Ben und ich allein etwas unternahmen, nur wir beide. Wir arbeiteten gemeinsam im Garten, wir machten Masken aus Papier. Oder wenn Ben manchmal sehr müde war und ich mich ebenfalls von den Sorgen und von der Schwangerschaft erschöpft fühlte, legten wir uns nebeneinander auf den Boden des Wohnzimmers und hielten ein Schläfchen. Seit Ben ganz klein war, hatte ich so etwas nicht mehr mit ihm getan. Es waren diese Augenblicke der Stille, zärtliche Momente mit Ben allein, die mir die Kraft gaben, diese ersten Wochen durchzuhalten.

Tätigkeiten, die früher zu meinem normalen Tagesplan gehört hatten, waren jetzt eine willkommene Abwechslung: Bibelunterricht mit einer Gruppe von Teenagern in der Kirche, die Buchhaltung für Grants Firma, ein buntes Glasfenster zu machen — alles, was mich nur eine kurze Stunde lang meine Rolle als Mutter eines sterbenden Kindes vergessen ließ.

Früher war die ganze Familie vielleicht einmal die Woche abends zum Essen ausgegangen. Damit hatten wir aufgehört, weil Ben ja kaum etwas essen konnte. Aber das Ausgehen machte ihm immer noch Freude, deshalb bat ihn Grant, er solle sagen, zu welchem Lieblingsrestaurant wir an diesem Abend nach auswärts fahren könnten. *Plaza Linda*, sagte Ben, also machten wir uns zu diesem mexikanischen Restaurant auf. Er aß einen ganzen Taco, das ist eine Art gerollte, gefüllte Tortilla, und immerhin fast einen halben Burrito. Aber als er zu husten begann, diesen dumpfen, tiefen Husten, wie ihn nur ein wirklich schwerkranker Mensch hat, da drehten sich die anderen Gäste um und starrten ihn an. Und da saß dieser arme kleine Junge — mit einem kleinen Becken auf dem Schoß ...

Die fragten sich alle — ich konnte es ihnen ansehen —, was Ben wohl hatte. Am liebsten wäre ich aufgestanden und hätte allen diesen Leuten gesagt, daß Ben gar nichts hatte. Daß er jedenfalls nichts getan hatte. Daß es nicht seine Schuld war. Daß er erst sieben war. Und daß er bisher einfach nur Ben war. Und daß er innen drin immer noch einfach Ben war! Aber ich sagte gar nichts. Auch Grant nicht. Statt dessen fühlten wir uns verlegen und deplaziert, aßen schnell fertig und gingen. Ausgehen war jetzt der erste Punkt auf einer neuen Liste. Einer Liste von all dem, was wir nicht mehr tun wollten.

Aber eines Morgens, als ich Bens Hals gerade wieder mit dem gelben Spray behandelte, den er so haßte, da bemerkte ich, daß die Schwellung in seinem Nacken fort war. Ich war begeistert.

»Ben!« rief ich. »Dein Genick ist in Ordnung!«

»Ich weiß, Mami. Schon seit ein paar Tagen«, sagte er lässig. »Heißt das, daß du mir dieses furchtbare Zeug nicht mehr in den Hals sprühen mußt?«

»Leider nicht, Kind. Das ist gegen den weißen Belag in deinem Mund. Aber weißt du, mir scheint, das wird auch schon besser.«

Ben war am nächsten Tag für eine Kontrolluntersuchung in Stanford vorgemerkt. Ich hatte mich davor gefürchtet. Aber jetzt konnte ich die guten Nachrichten gar nicht erwarten.

Kaum waren wir angekommen, da gaben sie Ben eine Gammaglobulinspritze, was Grant und mich sehr freute. Gammaglobuline waren für sein Abwehrsystem. Sie kümmerten sich also jetzt darum. Die Ärzte stellten fest, daß die Schwellung in Bens Nacken verschwunden war. Es gab Fortschritte.

Als wir das Krankenhaus verließen, fragte Aber: »Mami, geht's Ben jetzt wieder gut?« Ich weiß nicht mehr, was ich ihm darauf antwortete, aber es war nicht das letzte Mal, daß Aber mir diese Frage stellte.

Am Abend des gleichen Tages traf ich bei unserem Lebensmittelhändler den Fahrer von Bens Schulbus, der mir mitteilte, daß Jessica vor ein paar Tagen gestorben war. Mein erster Gedanke war, daß ich Ben mit meinem schlimmen Versäumnis bitter enttäuscht hatte. Seit wir wieder zu Hause waren, war ich noch nicht dazugekommen, Mrs. West anzurufen. Und jetzt war es zu spät. Was würde Ben sagen? Wie sollte ich nun damit wieder fertig werden?

Jessica war wirklich Bens ganz besondere Freundin gewesen. Er hatte sie schon in der ersten Klasse kennengelernt, als er eines Tages während der Pause drinnen bleiben mußte, weil er blutete. Auch Jessica, das »Mädchen ohne Haare«, war drinnen. Sie erklärte ihm, daß ihr Kopf nicht immer so ausgesehen hätte; erst als man Tumore in ihrem Kopf entdeckt und sie mit Chemotherapie behandelt hatte, waren ihr die Haare ausgefallen.

Ben begriff, daß Jessica wahrscheinlich bald sterben würde. Grant und ich hatten eines Abends mit ihm darüber geredet, nachdem Jessicas Mutter bei uns gewesen war. Sie hatte auch gesehen, wie nahe die beiden Kinder einander gekommen waren, und sie machte sich Sorgen, ob Ben wohl damit fertig werden würde. Das war schon fast zwei Jahre her. Aber jetzt ging ohnehin alles drunter und drüber. Wie sollte ich es Ben beibringen?

Ich beschloß, am nächsten Tag mit den Buben in den Park zu gehen. In den Park mit der Riesenrutsche, die Ben so gern hatte. Er konnte jetzt nicht mehr die Stufen hinaufsteigen, aber er freute sich über die Schaukeln und die anderen Sachen.

Wir setzten uns an den Rand der Sandkiste. Beau und Aber spielten in der Nähe.

»Ich muß mit dir über Jessica reden«, begann ich.

Ben blickte schnell auf und sah mich an, dann schaute er wieder zu Boden und fing an, mit den Fingern im Sand herumzuspielen.

»Es ist keine gute Nachricht, oder?«

Ich legte ihm den Arm um die Schulter. »Nein, leider nicht, Ben. Jessica ist vor ein paar Tagen gestorben.«

Er malte mit dem Finger einen Kreis in den Sand.

»Mami, weißt du, ich habe Jessica wirklich liebgehabt. Sie war meine beste Freundin. In der Schule hat es überhaupt nie jemanden gegeben, der mich so gut verstanden hat wie Jessica. Nicht einmal die anderen Jungen. Sie wird mir sehr fehlen ... Warum hab' ich sie denn so bald verlieren müssen, Mami? Sie war noch nicht einmal so alt wie ich.«

Ich wußte nicht, was ich darauf sagen sollte. Ich wußte keine Antwort. Ich wußte jetzt überhaupt auf sehr vieles keine Antwort mehr.

»Einen Menschen, den du wirklich liebst, brauchst du auch nie zu verlieren, Ben«, fing ich an. »Du kannst ihn immer bei dir haben. In deinem Herzen.«

Ich zog meine Brieftasche heraus und zeigte ihm die Fotos von ihm und von Beau und Aber und von Grant, die ich immer bei mir trug. »Weißt du, daß auch das Herz Fotos machen kann? Und das sind die allerbesten, denn die nimmst du in den allerschönsten Augenblicken auf. Und das sind Bilder, die außer dir niemand besitzt.«

»Kommt Jessica in den Himmel?«

»Ja.«

»Werde ich sie wiedersehen?«

»Ganz gewiß, Ben.«

Es folgte ein langes Schweigen. Ben schaute immer nur auf den Boden und zeichnete im Sand.

»Wann wird das sein, Mami?«

»Das weiß ich nicht, Ben. Kein Mensch weiß genau, wann er stirbt. Deshalb ist es auch so wichtig, daß wir uns alle lieben, solange wir beisammen sind.«

Ich hielt meine Augen ganz weit aufgerissen, damit mir die aufsteigenden Tränen nicht herausliefen. Woher hatte ich das Gefühl, daß Ben wußte, er müsse sterben? Daß er trotz all unserer vorsichtigen Auskünfte und Beteuerungen alles verstanden hatte. Woher hatte ich denn das Gefühl, daß er selber mit mir sprechen wollte? Aber er konnte nicht, weil er Angst hatte, mich zu erschrecken.

Am liebsten hätte ich ihn fest an mich gedrückt und ihn in meinen Armen gewiegt und mit ihm geweint. Wegen unserer Leiden. Wegen unserer Schmerzen. Wegen der Jahre, die wir vielleicht nicht zusammen verbringen durften. Aber ich brachte es nicht über mich, denn auch ich hatte Angst, ihn zu erschrecken. Und so saßen wir da. Ben mit seinen Gedanken. Ich mit meinen.

»Mami«, sagte er schließlich. »Kannst du mich ein bißchen auf der Schaukel anschieben?«

»Na klar, Ben.«

Mit Jessica spielen — das war ein Punkt auf Bens Liste, den wir jetzt nicht mehr abhaken konnten. Aber im Sommer fuhren wir wirklich nach Disneyland. Ben war vor Freude ganz aufgeregt. Genau wie wir alle. Grants Vater hatte in Rekordzeit ein Familientreffen organisiert, und so kamen sechs Familien in Disneyland zusammen.

Ich hatte Grants Vater immer wegen seiner Kraft bewundert. Mir erschien er als eine Art Patriarch, weißhaarig, ernst, ein Mann, der immer tat, was er sich vorgenommen hatte. Er und Grants Mutter hatten sechs Kinder. Grant war das vierte Kind, aber der älteste Sohn. Und Grants Sohn Ben war das älteste ihrer vierzehn Enkelkinder. Ich wußte, daß Grants Eltern Ben ganz besonders in ihr Herz geschlossen hatten.

Aus Gründen, die wir nicht verstanden, war Ben jedoch wieder viel schwächer, als wir nach Disneyland fuhren. Trotzdem machte er so viele wilde Fahrten, wie er nur konnte. Und dann gingen er und Grant allein fort, um die restlichen Bons bei der Grenzland-Schießbude aufzubrauchen. Ben war zu schwach, um das schwere Gewehr allein zu halten, aber Grant stützte es, und Ben betätigte nur den Abzug.

Am nächsten Nachmittag saßen wir alle rund um den Swimmingpool des Motels. Alle Cousins und Cousinen planschten im Wasser herum, und Ben saß in einem Liegestuhl und sah ihnen zu. Von den anderen Kleinen redete keiner mit ihm. Sie konnten nichts dafür — sie waren eben noch so klein. Und Ben kam ihnen wahrscheinlich gar nicht mehr wie Ben vor.

Ich blieb bei Ben sitzen, bis Beau zu mir kam und mich bat, mit ihm ins Sprudelbecken zu gehen. Dorthin durften kleine Kinder nicht allein zum Planschen gehen. Während Beau sich langsam in die warmen Wasserstrudel gleiten ließ, sah ich mich nach Ben um. Zwischen ihm und mir befand sich eine metallumrandete Trennscheibe aus Glas. Es war, als würde ich ihn in einem gerahmten Bild sehen. Und von dieser Stelle aus sah ich Ben plötzlich so, wie alle anderen ihn sahen: ein furchtbar blasser, ausgezehrter, kranker Junge mit eingefallenen Wangen; ein kleiner Junge, der in eine Decke eingewickelt war und trotzdem an diesem warmen Sommertag fröstelte.

Ich konnte es nicht glauben, daß das Ben war. Mein Ben. Der Swimmingpool direkt zu seinen Füßen quoll über von gesunden, normalen Kindern, die jetzt vielleicht ein Spiel spielten, das Ben ihnen letztes Jahr gezeigt hatte. Was war denn aus dem »Rudelführer« geworden? Warum war er nicht mitten unter ihnen, organisierte ein Unterwasserwettschwimmen und rannte, meinen Ermahnungen zum Trotz, über den rutschigen Beckenrand oder hechtete vom Rand ins Becken hinein?

Warum mußte gerade Ben es sein? Warum? Nicht, daß ich es einem anderen Kind gewünscht hätte. Aber warum Ben? Diese Frage verließ mich nie mehr. Jedesmal, wenn ich jetzt zu Ben sah, traf mich diese neue Wirklichkeit wie ein Schlag. Es war eindeutig, es gab keinen Zweifel mehr, Ben hatte Aids. Und Ben würde sterben. Und so sehr ich mich bemühte und so sehr ich ihn suchte — der alte Ben war auf diesem Bild nicht mehr zu finden. Ich saß da und weinte. Ich weiß gar nicht mehr, wie lange. Hier konnte mich niemand sehen, selbst Beau war wieder zurückgegangen zum Swimmingpool.

Schließlich kam Grant mich suchen. Er setzte sich neben mich und sah durch die Glaswand zu Ben, dann hinüber zu den anderen Kindern im Becken, und dann stiegen auch ihm die Tränen auf.

In seinem Gesicht las ich Zorn, Kummer und Verzweiflung. Er weinte, weil er es nicht ertrug, Ben so leiden zu sehen. Ich weinte, weil ich jetzt im Innersten begriff, daß die Ärzte recht hatten, daß Ben Aids hatte und daß er sterben würde. Das erschien mir jetzt als unabwendbare Tatsache. Jetzt erst verstand ich, daß Ben wirklich nur durch ein Wunder gerettet werden konnte. Und wenn es aber kein Wunder gab für Ben? Da waren sie wieder, diese Wenn-Fragen. Ich wollte die Tür zuschlagen vor diesen Wenn-Fragen, aber sie drängten lärmend heraus. Wurde Grant auch von diesen Fragen gequält? So forschend ich ihn auch ansah, ich konnte sie nicht in seinem Gesicht lesen. Und ich brachte sie nicht heraus. Ich war nicht imstande, ihn zu fragen. Ebensowenig, wie er mir sagen konnte, wann er das erste Mal den Verdacht hatte, Ben hätte Aids.

Es war das eine ganz neue Erfahrung für mich, meine innersten Gedanken nicht mit Grant teilen zu können. Das einzige, was ich je vor ihm geheimgehalten hatte, war vielleicht sein Weihnachtsgeschenk gewesen oder so etwas. Diese Krankheit veränderte uns in einer Weise, die ich nie vorausgesehen hätte. Jetzt stellte sich heraus, daß Grant und ich eigentlich sehr verschieden waren. Ich war der praktische Mensch, der sich auch über das Schlimmste Gewißheit verschaffen mußte, um weitermachen zu können. Grant hingegen, der Gläubige, hatte soviel Glauben, daß er unerschütterlich daran festhielt, Ben würde am Leben bleiben. Jeder von uns beiden mußte mit dieser Prüfung auf seine Weise fertig werden, aber jeder mußte auch den anderen stützen. So wie damals, als Randy und ich noch Kinder waren und auf dem Gehsteig Rollschuh liefen: zwischen uns hatten wir ein Seil gespannt, an dem er mich mit soviel Kraft vorwärtsschleuderte, daß ich mich dann umdrehen und ihn auch wieder voranziehen konnte. Auf diese Art trieben wir einander voran, Energie und Kraft schaffend, wo vorher keine gewesen war. Das mußten Grant und ich jetzt für einander leisten.

Bald nach dem Familientreffen brachten wir Ben wieder ins Krankenhaus. Unterwegs im Kombiwagen fragte Ben mich nach seiner Taufe. Nächste Woche hatte er Geburtstag, und sobald er acht war, konnte er getauft werden. »Wenn's dir wieder bessergeht«, sagte ich ihm, »kümmern wir uns um deine Taufe.«

Kaum hing Ben wieder am Tropf, nahm er auch schon zu. Er hatte mit dem ewigen Durchfall einfach zuviel Flüssigkeit verloren, das war alles. Schon nach einer Woche fuhren wir mit einem Ben nach Hause, der wieder sehr viel mehr wie Ben aussah. Diesmal fuhren wir über die Autobahn. Das war schneller. Und heute hatte Ben Geburtstag.

Wir machten ein gemütliches Picknick im Garten, so wie früher an Sonntagen. Meine Mutter und Ralph waren da. Ben aß ein ganzes Stück von der Zitronentorte mit der »Zitronenglasur, die an den Seiten hinunterläuft«. Und er blies gleich beim ersten Mal alle Kerzen aus. Ich hätte gern gewußt, was er sich dabei wünschte. Aber ich fragte nicht, und er sagte es nicht.

»Ist Ben jetzt ganz in Ordnung, Mami?« fragte Aber.

»He, da schau her, Aber«, rief Ben.

Ben stand auf und ging auf dem glatten Boden im Eingang gleich hinter der Tür in Stellung: Ben der Breakdancer. Er setzte zu einer schnellen Drehung nach rückwärts an. Meistens gelang ihm das vier- oder fünfmal hintereinander. Diesmal hörte er nach der zweiten Drehung auf und blieb erschöpft liegen.

»Das tut weh, Mami«, sagte er.

»Was tut weh?«

»Meine Knochen. Meine Knochen tun mir furchtbar weh.«

Ich sagte ihm, er wäre noch immer der beste kleine Breakdancer, den ich kannte, und half ihm auf. Als ich ihn hineinführen wollte, damit er sich ausruhen konnte, rief er Aber.

»Hast du geübt, wie ich's dir gesagt habe, Aber?«

Aber watschelte herbei und ließ sich auf den Boden nieder, wo er voller Stolz Ben zeigen wollte, was er schon konnte, und auf dem Rücken liegend eine Art von Drehung vollführte, wobei er mit seinen kleinen Leinenstiefeln wild in der Luft herumstrampelte.

»Aber, das machst du großartig«, sagte Ben darauf, mit einem kleinen privaten Lächeln für mich. »Beim nächsten Mal mußt du nur noch die Arme fester anlegen.«

Als wir an diesem Abend Ben zu Bett brachten, sagte er:

»Ich bin jetzt acht. Weißt du noch, was passiert, wenn man acht wird?«

Ich hatte ja, wie gesagt, Bens Taufe hinausgeschoben. Ich hatte dieses Gefühl, diese Angst, daß Ben, wenn er einmal getauft war, irgendwie auch zum Sterben bereit wäre. Daß er dadurch noch einen Schritt näher zu Gott, aber einen Schritt weiter von mir entfernt wäre. Das war dumm — das wußte ich schon. Was bildete ich mir denn da ein? Eine Art von Tauziehen mit Gott um das Leben meines Sohnes? Gott war doch auf meiner Seite.

Bens Krankheit wirkte jetzt schon tief hinein in Bereiche meines Lebens, die ich für unerreichbar gehalten hatte: in die Beziehung zu meinen Kindern, in meine Ehe, in meinen Glauben.

Grant traf mit der Kirche die notwendigen Vorbereitungen für die Taufe. Weil Ben Aids hatte, brauchten wir eine Spezialgenehmigung, damit wir den Taufbrunnen benützen durften. Schließlich kam die Entscheidung des für unseren und noch weitere sechs andere Kirchenbezirke zuständigen Präsidenten.

Wir durften den Taufbrunnen benutzen, aber der Mesner mußte ihn sowohl vor als auch nach Bens Taufe gründlich mit Desinfektionsmitteln reinigen. Damit war ein weiterer Punkt auf Bens Liste abgehakt.

Am nächsten Abend setzten wir uns zusammen, um einen »Familien-Heimabend« abzuhalten, wie wir Mormonen das nennen. Wir halten das für eine wichtige Einrichtung. Da schalten wir den Fernseher ab, ziehen das Telephonkabel heraus und konzentrieren uns auf unsere Familie und unseren Glauben.

Wir erzählen Geschichten und singen Lieder. Es ist eine Art Familienrat, bei dem jedes Familienmitglied, ganz gleich, ob groß, ob klein, alles vorbringen kann, was es entweder als einzelnen Menschen irgendwie beunruhigt und belastet oder was seiner Meinung nach die ganze Familie gemeinsam besprechen sollte. Kleine Wehwehchen werden hier ebenso diskutiert wie große, tiefe Schmerzen.

An diesem Abend redeten wir über Bens Taufe. Wir saßen alle im Wohnzimmer rund um den offenen Kamin, Grant auf dem Sofa, neben ihm Aber. Ben, Beau und ich saßen auf dem Boden.

»Das ist ein ziemlich großer Tag für dich«, fing Grant an. »Weißt du, was da geschieht?«

»Du wirst eingetaucht!« sagte Beau. Ben sah ihn mit einer leisen Spur von Ungeduld an.

»Das ist richtig«, antwortete Grant. »Und weißt du auch, was das bedeutet?«

»Es bedeutet, daß unser Vater im Himmel dir etwas verspricht und daß du ihm auch etwas versprichst«, sagte Ben. Er hatte in der Sonntagsschule viel über die Taufe gehört.

»Es ist irgendwie so, als würdest du zu Gottes Fußballteam kommen«, fuhr Grant fort. »Und es bedeutet, daß du dich für ihn geradezu zerreißen willst. Und er wird dir beistehen, damit du ein wirklich super Spieler wirst, weil er dir ja auch einen Trainer gibt ... Weißt du, wer dieser Trainer ist?«

»Der Heilige Geist«, antwortete Ben.

Aber spitzte die Ohren. »Ein richtiger echter Geist?«

»Sehen kannst du den Heiligen Geist nicht, Aber«, erklärte Grant. »Doch er ist immer da. Und wenn du sehr gut aufpaßt, dann kannst du auch hören, wie er zu dir spricht. Es ist nur eine leise Stimme in deinem Kopf. Aber wenn du genau zuhörst, dann sagt er dir immer, was richtig ist und was falsch. Und wenn du etwas getan hast, das wirklich sehr brav und sehr gut war, dann spürst du das innen ganz genau, das fühlt sich dann ganz warm und leicht an, als würde dich jemand von innen streicheln. Und der Heilige Geist tut noch etwas für dich, und das ist auch sehr wichtig. Er ist ein großer Tröster. Wenn du dich nicht wohl fühlst, wenn es dir nicht so gut geht, dann tröstet er dich. Das wird sehr wichtig sein für dich, Ben, wenn du dich krank fühlst. Du kannst doch Trost gut gebrauchen, oder?«

»Schon, Papa. Aber weißt du, ich wollte dich noch etwas fragen.«

»Was denn?«

»Gibt's im Himmel auch Tacos?«

Tacos — im Himmel? Wir platzten alle laut heraus.

»Frag mich was Leichteres, Ben! Du weißt doch auch schon, daß es vieles gibt, was wir einfach nicht genau wissen können. Wir haben nur den Glauben, daß es im Himmel einfach schön und warm und trostreich sein wird.«

»Leben die Leute im Himmel in Häusern?«

»Sie leben alle in Gottes Haus, Ben«, antwortete Grant. »Wir wissen nicht, wie dieses Haus aussieht. Aber es wird uns ein Gefühl geben, als kämen wir heim. Du weißt doch, wie das ist, wenn du nach längerer Abwesenheit wieder heimkommst? Da freut man sich dann sehr, nicht wahr? Und so wird es sein, wenn man in den Himmel kommt ... es ist wie Heimgehen.«

Ben stellte noch mehr Fragen: Gibt's Bäume im Himmel? Straßen? Wie lange braucht man, bis man dort ist? Wie kommt man von einem Ort zum anderen, wenn man einmal dort ist? Seine Fragen rührten mich wegen ihrer Unschuld, sie erschütterten mich aber auch, weil sie alle so wirklichkeitsnah waren.

Am nächsten Morgen machte Ben mit orange- und rosafarbigen Filzstiften ein großes Poster. Auf die eine Seite schrieb er die drei Versprechen, die Gott ihm geben würde, auf die andere seine eigenen. »Ich verspreche«, schrieb er in kunstvoll verschnörkelten Buchstaben, »daß ich Jesus nie vergessen werde. Ich will seine Gebote halten. Ich will immer anderen Menschen helfen.« Auf die andere Seite schrieb er: »Mein himmlischer Vater verspricht: Er wird uns vergeben. Er wird uns die Hilfe des Heiligen Geistes vermitteln. Er wird uns helfen, glücklich zu sein.«

Ich sah Ben vom Eingang zu seinem Zimmer aus zu, wie er das Poster an die Wand heftete.

»Getauft zu sein, das ist eine große Verantwortung«, sagte ich. »Das weißt du doch, Ben?«

»Ja.«

»Es bedeutet, daß du von jetzt an selbst für deine eigenen Handlungen verantwortlich bist.«

Ben sah mich an, als wüßte er schon, was ich ihm sagte.

»Bist du zu dieser Verantwortung bereit?«

»Ja, Mami, ich bin bereit.«

Ben war bereit, getauft zu werden. Auch ich mußte bald soweit sein.

Als der große Tag da war, kamen auch mein Vater und seine Frau Marylin zu der kirchlichen Feier. Ben war sehr glücklich darüber, und auch ich freute mich sehr. Wir sahen einander nicht oft, aber wenn eine Familie bei solchen besonderen Anlässen beisammen ist, dann hat man das beglückende Gefühl, daß einem nichts mehr fehlt.

Ben nahm jedes Wort der Taufzeremonie voll Ernst in sich auf. Er wandte kein Auge von dem Bischof. Er kam mir so erwachsen vor.

Die Krankheit Aids hatte mich gelehrt, daß der menschliche Körper sich in unvorstellbarer Weise verändern kann. Das hatte ich an Ben in den vergangenen Wochen gesehen. Jetzt aber erkannte ich, daß auch die Seele sich so verändern konnte. Sogar bei einem kleinen Jungen.

Nach der Taufe ging ich mit einem Handtuch auf Ben zu. Er stand ganz still da, tropfnaß in seiner weißen Hose und seinem weißen Hemd. Dann drückte er mich an sich und sagte: »Ich hab' dich lieb, Mami.« Er war so dünn, mir kam es vor, als könnte ich seine Seele durch seinen Körper scheinen sehen. Und sie füllte den ganzen Raum.

Ich werde nie vergessen, wie er so dastand: wie ein starker, aber sehr dünner kleiner Engel. Sein Körper schrumpfte. Aber seine Seele wuchs. Mein Herz machte ein Foto.

III

»Wirst du böse sein auf mich, wenn ich sterbe?«

Ohne daß ich es eigentlich bemerkt hatte, begann die Zeit wieder davonzulaufen. Auf den Juni folgte der Juli. Und der Nebel wälzte sich dahin, so wie jeden Sommer in Carmel.

Wir fanden ein größeres Haus — mit zwei Bädern. Grant konnte eine Auftragsarbeit abschließen und bemühte sich, mit den anderen nachzukommen. Beau verlor zwei Milchzähne. Aber wurde zu groß für sein Dreirad und bekam ein Fahrrad mit zwei Stützrädern. Ich machte ein farbiges Glasfenster fertig und packte mein Werkzeug ein, und ich fragte mich, wann ich es wohl wieder auspacken würde.

Und Ben, Ben hatte gute Tage und schlechte Tage. An den guten Tagen freuten wir uns über jedes Lächeln und jedes Lachen. An den schlechten Tagen sehnten wir uns nach den guten.

Ben ein einigermaßen erträgliches Leben zu ermöglichen, das war fast wie die Arbeit an meinen Glasfenstern. Wir nahmen jedes kleine Teilchen Zeit und jeden glücklichen Augenblick, den wir finden konnten, und bemühten uns, etwas Schönes daraus zu machen.

Es war nicht möglich, Ben für seine Leiden zu entschädigen oder Bens zarten, zerbrechlich schwachen Körper mit dem Leben eines normalen Achtjährigen auszufüllen. Aber wir taten, was wir konnten.

Sein neuestes Lieblingsgericht war gefrorenes Erdbeerjoghurt, das gab's dann immer in Massen. Und außerdem ungezählte Fahrten zu Oscar Hossenfellder's, einer Art Luna-Park in der Cannery Row in Monterey. Es war wie Las Vegas für Kinder. Laute Musik, billige Schießbudenpreise. Zuckerwatte und Sahnekaramellen. Schießbuden und ein Zaubershop. Und Ben war begeistert.

Schießen konnte er noch immer gut, aber an den Preisen war er nicht mehr so interessiert wie früher. Er gab seine Gewinnscheine seinen kleinen Brüdern, damit diese sich irgendwelche kleine Plastikspielsachen aussuchen konnten.

Es gab Augenblicke, die uns noch vor wenigen Monaten normal erschienen wären. Jetzt kamen sie mir vor wie etwas ganz Besonderes.

Wir bemühten uns, das Wort Aids nicht zu strapazieren, sondern es dort zu lassen, wo es hingehörte: ins Krankenhaus, zu den Ärzten. Aber es fand trotzdem den Weg in unser Heim. Übers Fernsehen, die Zeitung, durch Unterhaltungen mit Freunden.

Beau besuchte noch den Kindergarten, als Ben erkrankte. Er fing gerade erst an, lesen zu lernen. Aber das Wort Aids kannte er. Das entdeckte ich eines Nachmittags, als ihm ein vorderer Milchzahn ausfiel. Ich hatte immer soviel mit Ben zu tun, daß mir gar nicht aufgefallen war, daß der Zahn schon locker saß.

Beau kam zu mir gelaufen, den Zahn in der Hand, und teilte mir mit, er würde ihn unter sein Kopfkissen legen, obwohl er wußte, daß ja eigentlich ich die Zahnfee war. Ich tat so, als wüßte ich nichts von den Aufgaben der Zahnfee, und wickelte nur ein paar Eiswürfel in eine Stoffwindel, um damit die Blutung zu stillen. Bald mußte Grant zum Abendessen heimkommen, dann konnten wir Beau die Injektion mit dem *Faktor VIII* geben.

Auch ich hatte den Jungen schon die Injektionen verabreicht. Recht oft sogar. Aber noch immer scheute ich mich davor, eine Nadel in meine Kinder zu stechen. Und Grant hatte eine so sichere Hand.

Als Grant mich seinerzeit gefragt hatte, ob ich ihn heiraten wollte, da gestand ich ihm — nicht ohne einige innere Unruhe —, daß die Möglichkeit bestünde, daß ich ein Träger der Bluterkrankheit sei. »Das macht nichts, Chris«, hatte er damals gesagt.

Und es machte wirklich nichts.

Als Ben als Bluter zur Welt kam, freuten wir uns so wahnsinnig darüber, ihn zu haben, daß wir das Gefühl hatten, Dr. Penn trösten zu müssen, als er uns das Ergebnis des Hämophilietests mitteilte. »Das halten wir schon aus«, sagte ich, »Sie sollten ihn nur nicht beschneiden.«

Und dann schrieb ich in mein Tagebuch, daß ich im nächsten Krieg — und bis jetzt hatte offenbar noch jede Generation ihren Krieg gehabt — meinen Sohn nicht an die Front schicken müßte.

Zum ersten Mal bekam Ben eine heftige Blutung, als er mit acht Monaten versuchte, sich am Spülbecken hochzuziehen, und ihm dabei die Lippe aufplatzte. Wir brachten ihn ins Krankenhaus, und er brüllte sich seine kleinen Lungen fast aus dem Leib, während Grant und ich seine Arme hielten, damit Dr. Penn ihm die erste Spritze geben konnte. Es kam mir so schrecklich vor. Es schmerzte mich selbst, als ich die Nadel in seine Kopfhaut eindringen sah, denn dort war die einzige sichtbare Vene, die man finden konnte. Und das war erst der Anfang.

Als Ben vier wurde, gab es schon große Fortschritte in der Behandlung von Blutern. Das Beste war, daß sie jetzt auch zu Hause behandelt werden konnten. Wir mußten also nicht mehr nach jeder kleinen Verletzung ins Krankenhaus. Das sparte Zeit und Geld. Aber das wichtigste war, daß wir jetzt unabhängig waren und selbst für unsere Kinder sorgen konnten.

Die Hausbehandlung war dadurch möglich geworden, daß die Forschung eine Methode gefunden hatte, jenen Faktor, der im Blut der Bluter fehlte, aus dem Blut der Spender zu extrahieren. Anstatt also jetzt Transfusionen mit ganz normalem Blut eines einzigen Spenders zu bekommen, was oft gar nicht reichte, erhielten die Bluter jetzt den Faktor konzentriert aus dem Blut vieler Spender, Tausender von Spendern.

Dank dieser Fortschritte konnte man die Bluterkrankheit in den Griff bekommen. Das bedeutete, daß der *Faktor VIII* immer in bestimmten Mengen vorhanden sein mußte, griffbereit im Kühlschrank. Es bedeutete auch, daß man alles liegen und stehen lassen mußte, wenn der Faktor gebraucht wurde.

Eine bestimmte Einstellung zur Hämophilie war uns schon zur Selbstverständlichkeit geworden. Wir kauften unseren Jungen eben keine Football-Helme, sondern Baseball-Handschuhe; keine Rollschuhe, sondern Fahrräder. Wir wollten Vorsorge treffen, aber nicht zu fürsorglich sein. Wir wollten verhindern, daß unsere Jungen als Folge ihres physischen Handikaps ängstlich und furchtsam würden.

Einmal schickte mir Bens Kindergartentante ein Foto von Ben auf der Rutsche ihres Spielplatzes. Er hatte die Augen ganz weit offen und stürzte sich mit weit ausgebreiteten Armen hinunter. Unter das Bild heftete sie ein paar Zeilen und schrieb, Ben sei der mutigste, draufgängerischeste, abenteuerlustigste Junge ihrer ganzen Klasse. Darauf war ich sehr stolz. Stolz darauf, daß die Jungen lernten, sich aus ihrer Krankheit nichts zu machen.

Aber aus irgendeinem Grund war Beau an diesem Abend sehr aufgeregt, als Grant den Faktor in der Spritze aufzog.

»Du läßt ja Blasen rein, Papa!« sagte er. »Laß bitte keine Blasen hinein!«

»Keine Angst, Beau, du weißt ja, daß die Blasen nicht mit hineingehen«, sagte Grant.

»Paß auf, Papa, bitte paß gut auf!«

Grant legte die Spritze nieder und fragte Beau, was er denn habe.

Beau schaute total verängstigt drein, in seinen Augen standen die Tränen.

»Ich will nicht Aids kriegen, ich will nicht Aids kriegen wie Ben von diesen Blasen«, schluchzte er.

Wir konnten uns nicht vorstellen, woher Beau die Idee hatte, Aids sitze in den Luftblasen. Während Grant ihm erklärte, daß Aids nicht im geringsten in den Luftblasen sitze, holte ich den *Faktor VIII* und zeigte ihm die Buchstaben *H. T.* auf der Schachtel.

»Schau her, Beau, schau dir diese Buchstaben an«, sagte ich. »H. T. Das bedeutet ›Heat Treated‹, mit Hitze behandelt. Das heißt, daß der Faktor in dieser Flasche so lang erhitzt wurde, bis er sehr, sehr heiß war und alle Aidsviren, die vielleicht drin waren, umgekommen sind. Und du bekommst nur einen Faktor, der mit Hitze behandelt ist. Du brauchst also wirklich keine Angst zu haben.«

Bis zu diesem Moment war ich gar nicht auf die Idee gekommen, daß vielleicht auch Beau mit Aids infiziert sein könnte.

Und warum nicht? Wahrscheinlich hatte ich mir um Ben so viele Sorgen gemacht, daß für weitere Sorgen einfach kein Platz war.

Beau war 1979 zur Welt gekommen, vier Jahre bevor mit der Sterilisierung durch Hitze begonnen wurde. Das Blut wie vieler Spender hatte er bis dahin aufgenommen? Fünfzigtausend? Hunderttausend?

Aber war wahrscheinlich nicht gefährdet. Mit der Sterilisierung hatte man kurz nach seiner Geburt begonnen.

Ich war erst drei Jahre alt, als mein Bruder Scott mit Hämophilie zur Welt kam. Jedesmal, wenn er blutete, mußte er für die Transfusionen auf eine ganze Woche ins Krankenhaus. Mein Bruder Randy und ich saßen dann unten in der Lobby des *UCLA Medical Center* mit Malbüchern und Buntstiften, denn wir waren noch zu klein und durften nicht hinauf in Scotts Zimmer.

Ich kann mich so deutlich daran erinnern, wie wir Stunde um Stunde, Tag um Tag in dieser Lobby saßen und auf Mama und Papa warteten.

Zusätzlich zu seiner Bluterkrankheit hatte Scott auch einen angeborenen grünen Star und mußte viele Operationen über sich ergehen lassen. Als er zwei Jahre alt war, konnten die Ärzte die Blutung in einem Auge nach einer Operation nicht zum Stillstand bringen, daraufhin konnte er auf diesem Auge nicht mehr sehen.

Als er auch mit dem anderen Auge immer weniger sah, mußten die Ärzte wieder operieren.

Ich weiß genau, wie er damals vom Krankenhaus zurückkam.

Er saß mit Verbänden über den Augen auf dem Boden des Wohnzimmers und weinte. Er wollte die Verbände herunternehmen, weil er spielen wollte. Aber es ging nicht.

Randy und ich saßen auf der Couch.

»Warum kann ich denn nicht wie andere Kinder sein, wie Chris und Randy?« fragte Scott. »Wann werde ich wieder spielen können?«

Da setzte sich meine Mutter zu ihm auf den Boden und nahm seine Hand. Ich werde nie den Klang ihrer Stimme vergessen, als sie damals ruhig und leise mit ihm sprach. Und ich werde nie vergessen, was sie ihm sagte.

»Weißt du, Scott, es gibt verschiedene Arten zu sehen. Wir sehen meistens mit den Augen, weil das am einfachsten ist. Aber wir können auch mit unseren anderen Sinnen sehen. Wir können lernen, mit dem Tastsinn zu sehen, mit dem Geschmack, mit dem Gehör, und mit dem Geruch.«

Scott hörte ihr zu. Auch Randy und ich hörten ihr zu.

»Scott, wenn wir dir diesmal den Verband herunternehmen, dann wird es anders sein als früher. Du wirst jetzt nicht mehr mit deinen Augen sehen können. Aber du wirst auf andere Weisen sehen lernen. Und ich werde dir dabei helfen.«

Dann nahm sie Scott in die Arme und weinte. Auch

Randy und ich weinten. Scotts Leben würde nie mehr so sein wie früher.

Nie vergaß ich diesen Augenblick. Den Mut meiner Mutter. Die Kraft, die sie Scott gab.

Irgendwie gelang es ihr, das alles wie ein Abenteuer darzustellen. Daß Scott jetzt auf andere, magische Weise sehen können würde, andere kleine Jungen und kleine Mädchen aber nicht. Mit seinen Händen, seinen Ohren, seinem Herzen. Aber vor allem würde seine Mutter dasein, um ihm zu helfen, auf jedem Schritt des Weges.

Als Ben krank wurde, begann ich diese Erinnerung anders zu sehen. Nicht als kleines Mädchen, sondern als Mutter. Woher hatte meine Mutter die richtigen Worte für Scott gefunden, wo sie doch, wie ich jetzt erst erkannte, selber so sehr gelitten hatte? Wie brachte sie es fertig, Scott nicht nur den riesigen Stein auf seinem Weg, sondern zugleich den Weg rund um den Stein zu zeigen? Und woher nahm sie die Fähigkeit, Scott selbst in seiner Blindheit die Augen für alles Schöne, das auf ihn wartete, zu öffnen?

Was es auch war, was sie ihm gab — es hatte gewirkt. Trotz seiner Blindheit und seiner Bluterkrankheit ging Scott später aufs College, fand eine gute Stelle und lebte jetzt ganz allein. Er bestand auf seiner Unabhängigkeit, war aber immer als erster da, wenn jemand Hilfe brauchte. Als bei Ben Aids diagnostiziert wurde, rief Scott als einer der ersten bei uns an.

Er hatte einen weiten Weg hinter sich, seit meine Mutter ihm eröffnete, daß er blind würde. Damals war er erst acht. Acht. So alt wie Ben.

Würde ich so etwas jemals selbst für meinen Sohn tun können? Würde ich jemals imstande sein, tief drinnen aus mir die magischen Worte hervorzuholen, die bewirkten, daß plötzlich alles eingerenkt, alles in Ordnung zu sein schien, selbst wenn wir wußten, daß gar nichts in Ordnung war? Wo sollte ich suchen? Hatte ich es in mir?

Was konnte ich Ben geben, welche Inspiration, welches Ziel, welchen Preis, dem zuzustreben sich für ihn lohnen würde? Was konnte ihn soweit bringen, daß er trotz aller Schmerzen und dem, was die Ärzte den sicheren Tod nannten, immer noch am Leben hängen würde?

Wie konnte ich ihm helfen, vorwärtszublicken, in die Zukunft, wenn ich doch selbst nichts anderes wollte, als die Zeiger der Uhr zu packen und zurückzudrehen? Zurück bis zu dem Tag, an dem Ben seine tödliche Injektion bekommen hatte, bis zu dem Moment, wo ich ungeschehen machen konnte, was geschehen war.

Aber das konnte ich nicht. Das war nicht möglich. Und da verging meine Angst, und an ihre Stelle trat die Wut.

Wut war mir eigentlich ein fremdes Gefühl. Sicher ärgerte ich mich manchmal über Kleinigkeiten, aber das dauerte nicht lange. Das war nicht Wut, da war ich nur gereizt.

Wut war etwas, das ich an anderen Menschen beobachten konnte. An Menschen, die mit Sachen um sich warfen oder Leute in anderen Autos wüst beschimpften. So etwas tat ich nicht. Nein, ich nicht. Aber jetzt erkannte ich, daß das, was da in mir hochstieg, wirklich Wut war. Aber ich wollte dieses Gefühl nicht, denn es schien mir sinnlos, und ich fühlte mich auch nicht wohl damit, es war, als hätte ich fremde Kleider an.

Damals konnte ich noch nicht wissen, daß ich nur die erste aus unserer Familie war, die von der Wut erfaßt wurde. Früher oder später ging es den anderen genauso. Ben war so offensichtlich Unrecht geschehen. Auf jemanden, oder auf etwas, wollte ich die Schuld daran schieben. Nur — welchen Sinn hatte das eigentlich?

Ich war nicht die ganze Zeit hindurch wütend. Nein, wirklich nicht. Es stieg nur manchmal in mir hoch, wenn ich es am wenigsten erwartete, wenn ich gerade gar nicht an Aids dachte — aber dann geschah immer etwas, das mich wieder daran erinnerte.

Wie an jenem Abend, als Ben, während Grant und ich das Abendessen bereiteten, mit einer Frage zu uns in die Küche kam.

»Papa, was bedeutet eigentlich ›schwul‹?« fragte er.

›Ach, Ben‹, dachte ich. ›Bitte frag das nicht. Es ist so unfair, daß du zusätzlich zu allem anderen auch noch damit belastet wirst. Müssen wir das wirklich auch noch auf deine Schultern legen?‹

»Warum fragst du, Ben?«

»Weil ich's im Fernsehen gehört hab. Im Fernsehen haben sie gesagt, daß Gott alle Schwulen mit Aids strafen wird.«

»Damit haben sie nicht dich gemeint, Ben«, sagte ich. Grant und ich sahen uns an.

»Warum setzen wir uns nicht alle ins Wohnzimmer?« sagte Grant. Beau und Aber spielten noch draußen. Das Abendessen konnte warten. Bens Frage konnte nicht warten. Darüber mußten wir jetzt sprechen.

Im letzten Jahr hatte sich Grant einmal genauso mit Ben hingesetzt und mit ihm über Sex gesprochen, nachdem Ben von der Schule ein paar schmutzige Wörter heimgebracht hatte, die er nicht verstand. Wir hatten nicht vorgehabt, schon jetzt mit ihm darüber zu sprechen, aber wir wollten auch nicht, daß er das ganze für einen schmutzigen Witz hielt. Also hatte Grant ihm gerade soviel erklärt, daß er begriff, wie Babys gemacht werden und daß Sex ein normaler Teil der ehelichen Liebe zwischen Mann und Frau ist.

Das Gespräch war uns damals sinnvoll erschienen.

Und jetzt hatte Ben einen guten Grund, um sich nach Homosexualität zu erkundigen. Er litt an einer Krankheit, die, so behauptete das Fernsehen, eine Krankheit der Schwulen war, also mit der Gruppe der Homosexuellen verknüpft wurde. Es war nur natürlich, daß er wissen wollte, was diese Ausdrücke bedeuteten.

Bald würde er wieder zur Schule gehen, dann würde er

ohne Zweifel mehr darüber hören. Eine Erklärung blieb uns wahrscheinlich nicht erspart. Er mußte jedenfalls soviel wissen, daß er nicht das Gefühl hatte, wir hielten etwas vor ihm geheim.

Andererseits hatte ich Angst, ihn psychisch zu belasten, wo er doch physisch so geschwächt war.

Ich wußte nicht, wieviel er im Fernsehen gehört hatte; er hatte aber alles gehört, er konnte sich nur keinen Reim drauf machen.

»Ben, erinnerst du dich, wie wir dir erklärt haben, daß du Aids vom *Faktor VIII* bekommen hast? Man kann sich auch noch auf andere Art anstecken. Drogensüchtige können Aids bekommen, meist von schmutzigen Nadeln. Am häufigsten bekommen es die Schwulen.«

»Darüber haben sie auch im Fernsehen die ganze Zeit geredet«, sagte Ben. »Daß Leute, die Aids haben, schwul sind. Was ist schwul, Papa?«

»Also, Ben, schwul bedeutet, daß zwei Menschen des gleichen Geschlechts einander lieben. Das meinen Leute, wenn sie schwul sagen. Meistens sind das Männer.«

Ben schaute hilflos drein. Grant erkannte, daß er noch mehr sagen mußte, und ich beobachtete, wie er seine Worte langsam und sorgfältig wählte.

»Siehst du, Ben, manchmal lieben einander zwei Männer auf die gleiche Art wie sonst ein Mann und eine Frau.«

Grant fuhr weiter fort, daß unsere Kirche uns jedoch lehrte, diese natürliche Art von Liebe sei nur zwischen Mann und Frau — zwischen Eheleuten — erlaubt.

»Straft Gott sie deshalb mit Aids?«

»Nein, Ben. Das glaube ich nicht. Gott liebt alle seine Kinder, selbst die, die Dinge tun, die ihm nicht gefallen.«

»Und mich straft er auch nicht?«

»Nein, Ben. Er straft dich nicht. Das ist wirklich sehr wichtig. Glaub ja nie, daß du etwas Falsches getan hättest, denn das hast du nicht.«

Ich streckte den Arm aus und drückte Ben an mich. Wie sehr wünschte ich, ihm helfen zu können!

»Du hast einfach ein Virus erwischt, Benny«, sagte ich. »Das ist alles. Wenn du dich erkältest, glaubst du ja auch nicht, daß Gott dich strafen will, oder?«

Das leuchtete ihm ein.

»Unser Vater im Himmel liebt dich sehr, Ben. Deshalb beten wir ja auch alle zu ihm, daß er dich gesund werden läßt. Wir alle lieben dich sehr. Mach dir darüber bitte keine Sorgen mehr, okay? — Und ganz abgesehen davon kenne ich in diesem Haus einen kleinen Jungen, der schon längst über seine Schlafenszeit noch auf ist.«

Ben ging erleichtert zu Bett. Die Erklärung hatte ihn zufriedengestellt.

Ein paar Tage später richteten Grant und ich uns her für unseren traditionellen Ausgang am Freitagabend. Ich freute mich so sehr, daß es Freitag war und daß Grant zu Hause sein konnte.

Diese paar Stunden zu zweit an jedem Freitagabend waren der Treibstoff, der mich durch die restliche Woche trug. Unser kleines gemeinsames Vergnügen gab uns die innere Kraft, die wir brauchten, und die Zuversicht, daß wir gemeinsam mit allem fertig würden. Es war unsere einzige Erholung von Bens Krankheit.

Während ich mich ankleidete, läutete das Telephon. Es war meine Mutter. Sie wollte mit Ben sprechen. Sie hatten ein besonders gutes Verhältnis zueinander, diese beiden. Und ich freute mich sehr darüber. Großeltern sind etwas Besonderes. Das sind Menschen, in deren Wohnungen es immer so gut riecht. Menschen mit kühlen, weichen Wangen und einem gemütlichen Lachen und viel Liebe. Menschen, die einem etwas schenken, selbst wenn man gar nicht Geburtstag hat.

Ich lächelte, als ich Bens Teil des Dialogs mithörte. Als er auflegte, teilte er uns mit, daß er und Oma schon alles geregelt hätten. Er würde sie besuchen und eine Weile bei ihr bleiben. Schließlich waren Beau und Aber bei ihr gewesen, während er im Krankenhaus lag. Jetzt war er an der Reihe.

Ich sagte nichts. Und da Grant bemerkte, daß ich zögerte, sagte er zu Ben, wir würden am Morgen darüber reden. Denn jetzt war Freitagabend.

»Was sollen wir tun — ins Kino gehen?« fragte Grant.

Wir sahen uns viele Filme an. Meistens gute Lustspiele. Zur Aufmunterung. Aber es gab gar nicht genug davon. Deshalb gingen wir manchmal einfach nur zusammen essen. Wichtig war uns nur, daß wir zusammen waren. Allein.

»Da wäre das kleine Restaurant, das du kennenlernen wolltest«, schlug Grant vor.

Wir fanden einen gemütlichen Tisch in einer Ecke, und uns kam das alles wie der Gipfel des Luxus vor. Kerzenlicht. Stoffservietten. Wir beide. Grant streckte die Hand aus und legte sie auf meine Hand.

»Chris, du mußt ausspannen« sagte er. »Schau dich an. Du bist erschöpft. Denk an das Baby, wenn schon nicht an dich selber. Ich finde die Idee großartig, daß Ben ein paar Tage zu deiner Mutter fahren soll.«

»Aber, Grant, wie kann sie denn Ben zum Essen bringen oder ihm den Halsspray geben, den er so verabscheut? Heute hat er es einfach nicht zugelassen. Er sagte, sein Hals sei ohnehin viel besser und er brauche das Mittel nicht mehr. Was ist, wenn etwas passiert?«

»Nichts wird passieren. Ben wird's gutgehen. Und wir können mit Beau und Aber ein paar Tage lang an den Strand zu meinen Eltern fahren. Es wird sein wie früher. Und ganz abgesehen davon, Chris — er möchte es selbst. Wir sind nicht die einzigen Menschen in seinem Leben.«

Das wußte ich. Aber seit er krank geworden war, wollte ich ihn nicht aus den Augen lassen. Er brauchte mich. Und ich brauchte ihn. Ich empfand ihm gegenüber jetzt wieder so, als wäre er noch ein Säugling. Ich konnte ihn nicht loslassen. Aber er war kein Säugling mehr. Und Grant hatte recht. Ben war mein Erstgeborener. Aber er war auch das erste Enkelkind meiner Mutter. Ich mußte ihn mit ihr teilen.

»Okay«, sagte ich.

Dann schlugen wir beide die Speisekarte auf. Er studierte sie einen Moment, schloß sie, beugte sich zu mir herüber und flüsterte mir ins Ohr.

»Nachdem das geklärt ist«, sagte er, »möchte ich dich entführen.«

»Was? Ach so. Verzeih, ich bin heute abend etwas langsam. Gut. Wohin?«

»Heute abend soll noch eine Maschine nach Hawaii abgehen.«

»Ah! Schildkrötenbucht!«

»Komm, fliegen wir sofort ab. Lassen wir uns unsere Sachen nachschicken!«

»Klingt herrlich!«

Wir genossen unseren Ausgang und unsere eingebildete Entführung, bis die Empfangschefin des Restaurants an den Tisch neben uns zwei schwule Männer führte. Das brachte uns in die Realität zurück.

Zuerst versuchten wir, sie zu übersehen. Dann wurden die beiden Männer jedoch zärtlich miteinander, und das konnte ich einfach nicht mehr ertragen.

Ich begriff durchaus, daß das nicht vernünftig war. Aber wohin ich blickte, gab es etwas, was mich wieder an Aids erinnerte. Durfte ich mich nicht wenigstens am Freitagabend gut unterhalten? War das zuviel verlangt?

»Gehen wir«, sagte ich zu Grant. Rasch zahlten wir die Rechnung und verließen das Lokal.

Ich hatte nichts gegen diese beiden Männer. Ich kannte nicht einmal ihre Namen. Aber in mir stieg die Wut hoch. Die Wut darüber, daß man uns nicht einmal eine kleine

Pause gönnte. Die Wut darüber, daß, ganz gleich, wohin wir gingen oder was wir taten, Ben unverändert Aids hatte. Es gab auf diesem ganzen Planeten keinen Ort, wo wir uns davor verstecken konnten. Nirgends Ruhe, nirgends eine Zuflucht. Irgendwo mußte doch ein Ort sein, der nicht Aids in sich trug.

Wir konnten über einen solchen Ort sprechen, wir konnten ihn im Geiste sehen. Wir konnten ihn nur nicht erreichen.

Vor dem Besuch bei meiner Mutter brachten wir Ben nach Stanford zu einer Kontrolluntersuchung. Und während Dr. Glader Ben untersuchte, machten wir anderen alle den Aidstest, von dem Judie Lea gesprochen hatte.

Dr. Glader war zufrieden mit Ben. Er sagte uns, Ben ginge es »klinisch besser«. Er habe auch zugenommen und wirke allgemein entspannt.

Ben hatte dem Arzt von dem neuen Haus erzählt, in das wir bald übersiedeln würden, und von seiner neuen Schule im Herbst.

»Es gibt keinen Grund, warum Ben nicht in die Schule gehen sollte«, bemerkte der Arzt.

Auf der Heimfahrt fingen wir in unserem Kombiwagen alle fünf zu singen an. Manchmal sangen wir auf unseren Fahrten einfach nur, damit die Zeit verging. Aber diesmal sangen wir, weil wir glücklich waren. Wir sangen, weil es Ben besser ging.

Am nächsten Tag gingen Grant und ich in die neue Schule und erzählten der Direktorin alles über Ben. Sie würde sich freuen, ihn aufzunehmen, sagte sie.

Die Schule würde in weniger als einem Monat wieder beginnen, Ben konnte also wieder eines der Dinge auf seiner Liste, auf die er sich freute, abhaken. Und jetzt konnte er zur Großmutter fahren.

Ebenso wie beim letzten Mal machten wir aus, daß wir uns auf halbem Weg treffen würden. Ich war auf der Hinfahrt sehr nervös, weil ich Ben hergeben sollte. Aber Ben war freudig erregt.

Dann übergaben wir ihn meiner Mutter, und auf der Heimfahrt malte ich mir aus, wie gut es Ben bei ihr haben würde. Er war begeistert von ihren vielen Antiquitäten und Nippes, ihren Gewürzsträußen und ihren Kerzen. Ihr Haus war für ihn wie ein Kuriositätenladen — und es gab immer etwas Neues zum Spielen. Ich stellte mir vor, wie er draußen in der Werkstatt bei Opa Ralph begeistert an irgendeinem neuen Holzobjekt mitbasteln würde. Er war ganz gierig auf diese Arbeit in der Werkstatt. Als wir heimkamen, hatte mich die Vorstellung, daß Ben dort glücklich war, auch selbst schon ganz glücklich gemacht.

So sehr ich Ben vermissen würde — ich brauchte die Zeit dringend. Zeit für Beau und Aber, Zeit, um mich auf die Übersiedlung vorzubereiten. Wir arbeiteten bis spät am Abend, als endlich das Telephon läutete.

»Chris«, sagte meine Mutter, »ich wollte dir nur sagen, daß wir gut nach Hause gekommen sind.«

»Fein«, antwortete ich. »Wie geht's Ben?«

»Gut, aber Chris... Ben macht sich Sorgen... Wie soll ich dir's sagen? Ben hat Angst, daß du...«

»Was ist los, Mutter? Was hat er?«

»Er hat gar nichts. Er schläft jetzt. Ich hab' ihm ein Erdbeerschaumbad gemacht, wie du's als Kind so gern gemocht hast, und ihn dann zu Bett gebracht. Aber etwas muß ich dir unbedingt sagen. Ben und ich hatten am Abend noch ein langes Gespräch. Wir setzten uns an den Eßzimmertisch, und er streichelte den hölzernen Walfisch — du weißt schon, den, den Ralph gemacht hat, er steht immer auf dem Kaffeetisch, und Ben mag ihn so. Und... also, Chris... Ben weiß, daß er sterben wird, aber er hat Angst, daß du und Grant dann böse auf ihn seid... er hat mich gebeten, dich anzurufen.«

»Böse auf ihn? Warum denn?«

»Er hat Angst, ihr seid böse auf ihn, wenn er stirbt . . .«

Meine Mutter wurde immer wieder von Schluchzen unterbrochen, während sie mir den weiteren Verlauf ihres Gesprächs schilderte.

»Zuerst hat er mich gefragt, ob ich böse auf ihn sein würde, wenn er stirbt und zu seinem Vater im Himmel heimgeht, und ich habe gesagt, nein, natürlich nicht, daß ich ihn sehr gern habe und daß er ja derjenige ist, der mich zur Großmutter gemacht hat. Und dann sagte er, bei dir und Grant wäre er nicht so sicher, und daß ihr dann vielleicht böse auf ihn wärt, weil ihr ihn doch so lang gehabt hättet. Und weil ihr ihn so liebt.«

»Und hast du ihm gesagt, daß wir nie, nie böse auf ihn sein würden?«

»Ja, natürlich, genau das habe ich ihm gesagt.«

Meine Mutter hatte es immer verstanden, die Menschen zum Reden zu bringen. Sie gehörte zu jenen Menschen, an die man sich immer um Hilfe wendet. Sogar Ben . . .

Ich war froh, daß sie für ihn da war. Ich wußte, daß Ben und ich auch so ein Gespräch führen mußten. Aber dafür war die Zeit nicht gekommen. Noch nicht.

Jetzt aber hatte ich keinen anderen Gedanken, als daß ich dieses Gespräch nicht haben wollte. Mit den Ärzten konnte ich reden über Bens . . . Prognose. Aber da sprachen wir über einen Patienten und Aids. Jetzt redete ich mit meiner eigenen Mutter, und sie sprach davon, daß Ben sterben würde.

»Ihr müßt ihm nur klarmachen, weißt du, daß alles okay ist.«

»Ja, Mutter. Ich werde mit ihm reden. Wir haben auch schon mit ihm geredet. Aber wir wollten ihm auch nicht alles sagen, was die Ärzte uns gesagt haben, weil wir ihn nicht zu sehr erschrecken wollten. Und zur Zeit geht es ihm doch ganz gut. Wir beten noch immer, daß . . .«

»Ich weiß, Chris, wir auch. Danke, daß Ben zu mir kommen konnte. Ich weiß schon, daß es dir schwerfällt, aber wir passen gut auf ihn auf.«

»Ich danke dir, Mutter.«

»Gute Nacht, Chris. Und mach dir keine Sorgen um ihn, es geht ihm gut.«

»Gute Nacht, Mutter. Ich hab' dich sehr gern.«

An diesem Wochenende fuhren Grant und ich mit Aber und Beau an den Strand von San Clemente, wo Grants Eltern leben. Und ein ganzes langes Wochenende waren wir wieder eine ganz normale Familie. Wir kauften Eis in der Tüte. Wir bauten Sandburgen. Ich war darum besorgt, daß Beau und Aber wohl auch genügend Zinksalbe auf ihren kleinen Nasen hatten. Ein Sonnenbrand war das Ärgste, was ich mir am Strand vorstellen konnte. Es war schön.

Wenn ich Ben nicht neben seinen kleinen Brüdern mit ihren roten Nasen und Sommersprossen gesehen hätte, dann wäre ich über sein Aussehen vielleicht nicht so entsetzt gewesen, als wir das Haus meiner Mutter betraten, um ihn abzuholen.

Er lag auf dem Sofa, schwach, apathisch, und viel, viel dünner als vorher. Zum ersten Mal kam mir der Gedanke: Ist es soweit?

Er hob den Kopf, um Grant und mir einen Kuß zu geben. Und schwach, wie er war, konnte er es trotzdem nicht erwarten, Beau und Aber alles über seine Zeit bei den Großeltern zu erzählen. Und die beiden so gesund aussehenden Buben setzten sich neben Ben auf die Couch. Sie brannten darauf, alles ganz genau zu hören.

Ich drehte mich um und ging in die Küche. Grant folgte mir und legte den Arm um meine Schultern. Er war über Bens Anblick genau so schockiert wie ich. Wie hatte das so schnell geschehen können? Meine Mutter sah, wie verzweifelt wir waren, als sie zu uns kam.

»Mutter, er sieht ... wirklich furchtbar aus. Er ist so weiß im Gesicht.«

»Erst in den letzten drei Tagen. Die ersten paar Tage ging's im glänzend. Aber er konnte einfach nicht essen, er konnte nichts behalten. Dabei hat er sich wirklich bemüht. Er wollte essen. Ich wußte nicht, was ich tun sollte.«

Noch während sie das sagte, sah ich fünf verschiedene geöffnete Dosensuppen auf der Anrichte stehen. Genauso sah es in meiner Küche aus, wenn ich mich verzweifelt bemühte, nur irgend etwas zu finden, das Ben vertrug. Ich wußte, wie schwer sie es gehabt hatte, und ich begriff ihre Entmutigung.

»Was sollen wir denn tun, Mutter?«

Sie legte den Arm um mich und drückte mich an sich, so wie früher, als ich noch klein war.

Dann kam Ben herein und sagte, er und Opa wollten mir draußen etwas zeigen.

Wir gingen durch die Hintertür zum Picknicktisch hinaus. Ralph hatte früher, als er jung war, einmal in einer Saftbar gearbeitet, wo die Kunden ihre Initialen in die Theke schnitzen durften. Er war selber ein geschickter Handwerker, der sein Leben lang mit Holz gearbeitet hatte. Diese Idee aus der Saftbar gefiel ihm so gut, daß er beschlossen hatte, den Picknicktisch auf die gleiche Art von der Familie verzieren zu lassen.

Jedesmal, wenn eines seiner Enkelkinder auf Besuch kam, mußte es etwas mit einem kleinen elektrischen Schnitzmesser in den Tisch schnitzen. Ben hatte einen neuen Beitrag geleistet, und als ich sein Werk sah, wußte ich nicht, ob ich weinen oder lachen sollte. Es war ein perfekt gezeichneter, beinahe lebensgroßer Hamburger. Komplett mit Sesamkörnern und Salat.

»Er hat sich wirklich hineingekniet«, sagte Ralph. »Zuerst hat er an einem Stück Holz geübt. Weißt du, der könnte einmal ein wirklicher Künstler werden.«

»Dank dir, Ralph«, sagte ich und küßte ihn auf die Wange. »Du bist ein wunderbarer Großvater.«

Ich sammelte Bens Sachen ein, während Grant ihn zum Wagen trug. Wie hart mußte das für meine Mutter sein! Es war nicht nur ihr Enkelkind, das sie so leiden sah, es war auch ihr Kind. Ich. Ich liebte sie sehr. Wenn ich sie brauchte, war sie immer für mich da.

In den langen, schweren Monaten, die jetzt kamen, wurde die Reise zu den Großeltern zu einem wirklichen Lichtblick für Ben. Immer wieder erzählte er uns Geschichten von Erlebnissen, die er auf der Erdbeerschaumbadreise, wie sie in der Familie bald hieß, gehabt hatte. Wie er mit seinen Cousins Brett und Joey ins Kino gegangen war und wie sie dauernd gelacht und alle Leute mit Popcorn beworfen hatten. Wie er und der Großvater zwei Vogelhäuser bastelten — eins für Oma, eins für mich. Und noch ein Dutzend Ereignisse, die nicht viel zu bedeuten hatten, außer daß sie das Licht in seinen Augen zum Leuchten brachten.

Auf der Heimfahrt bat Ben, ob wir ihn nicht ins Krankenhaus bringen konnten. Er wußte, wie krank er war. Er sagte nicht viel zu den Ärzten, die ihn bei der Aufnahme untersuchten. Jetzt wog er vierunddreißig Pfund, weniger als sein dreijähriger Bruder. Der Krankenschwester, die ihn an den schon gewohnten Tropf anhängen kam, streckte er den Arm entgegen. Er wußte, daß er jetzt hierhergehörte.

Am Abend, als Grant und die Jungen schon wieder nach Carmel abgefahren waren, saß ich bei Ben am Bettrand in seinem alten Zimmer und sah ihm zu, wie er versuchte, ein bißchen zu essen.

Ich verstand jetzt, was hier geschah. Ben war dem Tod nicht wirklich näher, und er rückte ihm auch nicht ferner, wenn er nach Hause kam, ganz gleich, wie sehr wir uns um ihn Mühe gaben. Aber wenn wir ihn ins Krankenhaus brachten, dann pumpten sie ihn mit Flüssigkeit auf, und ein paar Wochen lang sah er dann besser aus, fühlte sich auch besser.

Aber Ben selbst gab nie vor, daß es ihm besserging. Wir

selbst waren es, die sich dieser Täuschung hingaben. Nur so konnten wir diesen Sommer durchstehen. Das war einfach menschlich. Es war normal. Wir waren normal, Grant und Beau und Aber und ich. Wir hatten die Aidstests zurückbekommen. Auch die waren ganz in Ordnung. Es war normal, daß Aber immer wieder fragte, ob es Ben nicht besserginge. Es war normal, daß wir um ein Wunder beteten.

Wir hatten Sonnenbrand und Parkscheine und alle die anderen Sachen, die normale Leute eben haben. Nur daß wir nicht wirklich normal waren. Denn Ben lag im Sterben. Und er hatte Angst. Nicht vor dem Tod — das war es nicht, was er gesagt hatte. Er hatte Angst, daß wir böse auf ihn wären, wenn er starb. Das hatte er meiner Mutter gebeichtet.

Konnte er denn wirklich glauben, daß er uns irgendwie ... sitzenließ? Hatte er wirklich die größte Angst davor, daß er uns verletzen könnte? Wie konnte ich mit ihm sprechen? Wie konnte ich es ihm sagen?

»Du hast mir sehr gefehlt, als du fort warst, Ben«, begann ich. »Ich weiß, warum du fort wolltest. Und ich finde das auch ganz richtig. Du weißt doch, ich könnte nie böse auf dich sein, nur weil du auf eine Weile fortgehst, oder? Auch dann nicht, wenn du sehr lange fort wärest. Es wäre eben nur traurig, daß wir nicht beisammen wären, und du würdest mir sehr fehlen.«

Ben nickte und reichte mir sein Tablett. Er war müde.

»Du hast mir auch gefehlt, Mami«, sagte er, umarmte mich und kuschelte sich dann ins Bett.

»Ich hab' dich zum Fressen gern.«

Ich konnte die vertrauten Geräusche hören, wie das Krankenhaus der Nacht entgegenging, die Essenwagen wurden durch die Gänge gerollt, die Gummischuhsohlen der Schwestern quietschten auf dem Boden.

Ich wußte schon, daß ich ihm noch mehr sagen mußte. Aber ich konnte nicht. Nicht heute abend.

IV
»Hilf mir, Mami!«

Am nächsten Tag fiel es mir schwerer denn je, Ben allein zu lassen. Aber ich hatte keine Wahl. Ich mußte nach Hause fahren und packen. Gegen Mittag nahm ich Abschied und küßte ihn. Etwa zur gleichen Zeit legte Grant in Carmel sein Werkzeug beiseite und machte sich auf die Fahrt zum Krankenhaus. Irgendwo auf der Autobahn begegneten wir einander. Und während er Ben begrüßte, sperrte ich unsere Haustür auf und begann mit dem Packen.

Es war bereits Donnerstag, und bis Samstag mußten wir unsere Wohnung räumen. Noch zwei Tage, sagte ich mir, dann würde alles viel besser sein. Wir würden in unserem eigenen, größeren Haus leben. Dort bekam Ben sein eigenes Zimmer, und dann konnte er wieder etwas auf seiner Liste abhaken. Das war für uns alle ein neuer Anfang.

Ich hatte mir nicht klargemacht, wieviel in Wirklichkeit zu packen war. Unser bisheriges Reihenhaus war doch eigentlich so klein. Und Grant hatte schon angefangen, während ich weg war. Aber als ich gegen Abend die beiden Buben, Beau und Aber, bei Bekannten, wo Grant sie am Morgen abgegeben hatte, abholte, da sah ich, daß ich eigentlich kaum vom Fleck gekommen war. Es fiel mir schwer, mich zu konzentrieren. Ein Teil von mir war noch immer im Krankenzimmer bei Ben.

Gegen Mitternacht stolperte ich mit geschwollenen Augen herum und suchte das Abdeckband. In einer Hand hatte ich irgendeinen Haushaltsgegenstand, den ich nirgends unterbringen konnte — ich weiß nicht mehr, was, einen Zollstock oder ein Verlängerungskabel. Ziellos wanderte ich von einem Zimmer ins andere und suchte die richtige Schachtel dafür und hoffte, auch das Abdeckband zu finden. Aber dabei sah ich nichts als Dinge, für die ich auch noch keine Kartons bereit hatte.

Wo ich hinsah, waren geöffnete Schubladen und Schränke, alle noch halb voll. Und überall auf dem Boden standen Pappkartons, halb leer.

Zum ersten Mal in meinem Leben dachte ich:

Ich bin nicht imstande, etwas zu tun, was ich unbedingt erledigen muß. Ich bin nicht imstande, unsere sämtlichen Sachen rechtzeitig bis Samstag einzupacken. Ich kann einfach keinen Umzugskarton mehr packen. Und ich habe weder genügend Willen noch genügend Energie, um die Sache anzugehen. Seit Ben krank wurde, fahre ich mit dem Reservetank, und der ist jetzt plötzlich leer. Einfach so, ohne Warnung. Jetzt ist es passiert. Ich bin fertig, ich kann nicht mehr.

Ich fiel einfach aufs Sofa und schloß die Augen.

Schlafen. Ich wollte nur schlafen, sonst nichts. Tagelang, wenn möglich wochenlang. Und dann würde ich aufwachen, und Ben wäre gesund, und wir lebten in unserem neuen Haus, und ich brauchte mich nicht damit zu quälen, das Abdeckband zu finden.

Ach, wie verführerisch!

Dann sagte mir eine Stimme: »Das darfst du nicht tun!« Ich durfte nicht aufgeben. Nicht ich, nicht Chris, die sonst immer zuverlässig alles tat, was zu tun war.

So blieb ich sitzen, im siebten Monat schwanger, starr vor Erschöpfung und Verwirrung. Ich wußte nicht mehr, wie all das anzupacken war, was zu tun war. Ich wußte aber auch nicht, welche andere Wahl ich gehabt hätte. Ich war zu erschöpft, um mich in irgendeine Richtung zu entscheiden.

Ich weiß nicht, wie lange ich dort saß. Vielleicht fünfzehn Minuten. Vielleicht länger. Endlich streckte ich die Hand nach dem Telephon aus und wählte.

»Mutter«, sagte ich mit einer Stimme, die so jämmerlich klang, daß ich sie selbst kaum erkannte, »ich komm' nicht mehr zurecht.«

Es war mir egal, wie erschöpft oder wie verzweifelt sich das anhörte. Ich hatte keine Reserven mehr, und niemanden sonst, an den ich mich hätte wenden können. Nur meine Mutter würde einen Ausweg wissen. Meine Mutter, der Organisator.

»Mutter... hilf mir. Ich kann nicht mehr denken. Alles ist so, so... Und ich weiß nicht, wo alles ist... Und ich kann einfach nicht mehr denken. Bitte, sag mir, was ich tun soll. Sag mir ganz genau, was ich tun soll, und dann schreib' ich das genau auf und tu's.«

Dann redete ich mir alles von der Seele: das Einpacken, das Reinigen des neuen Hauses, das Essen für die Jungen, die Anrufe bei Ben, einen Arzttermin für den nächsten Tag.

»Langsam, langsam, laß dir Zeit, Kind«, sagte sie. »Hol dir Bleistift und Notizblock, und dann sage ich dir die drei Dinge, die ganz oben auf deine Liste kommen. Schreib das hin. Okay? *Grant. Die Jungen. Und du selber.* Nur diese drei. Und wenn du mit den anderen Sachen nicht zurechtkommst, dann schau auf die Liste und kümmere dich nur um das. Denn das ist es, was zählt. Alles andere zählt nicht. Das mußt du nur einfach erledigen.«

Natürlich. Das klang so einleuchtend. Aber irgendwie waren in meinem Schädel die wichtigen Dinge mit den unwichtigen Nebensachen völlig durcheinandergekollert. Und die kleinen Nebensachen mußten immer sofort erledigt werden, während die wirklich wichtigen Dinge aufgeschoben wurden. Wie jetzt zum Beispiel. Wann hatte ich denn Zeit für Grant? Ich hatte ihn den ganzen Tag lang nicht einmal gesehen.

»Aber Mutter, wir müssen bis Samstag hier draußen sein, dann kommen die Leute, die uns beim Umzug helfen.«

»Soll ich kommen und dir helfen?«

»Ich möchte mir deinen Besuch lieber für eine andere Gelegenheit aufheben. Jetzt wär's schade darum.«
Meine Mutter dachte nach.
»Okay, ich sag' dir jetzt die Reihenfolge der Erledigungen, die du zuerst anpacken und die du bis Samstag geschafft haben mußt, und dann gönnst du dir zur Belohnung etwas, was mit den drei Punkten an der Spitze deiner Liste zu tun hat, ja?«
»Gut.«
»Okay. Also zuerst gehst du jetzt schlafen, damit du am Morgen ausgeruht bist. Dann stehst du auf . . .«
Als ich schlafen ging, legte ich ihre Liste neben das Bett, und als ich am Morgen aufstand, befolgte ich diese Liste bis auf den I-Punkt genau wie ein Roboter. Ich wollte nicht selbst denken müssen. Aufstehen. Anziehen. Bett machen, damit am Abend irgendwo eine aufgeräumte Stelle ist. Frühstück machen . . . Zuerst das Schlafzimmer einpacken, dann das Bad einpacken . . .
Als ich am Abend alle Umzugskartons gepackt hatte, fuhr ich mit Beau und Aber in das neue Haus, um dort die Küche sauberzumachen. In dem leeren Haus war's finster, fast ein bißchen unheimlich. Ich machte den Jungen auf dem Teppich im Wohnzimmer eine Art Bett.
Dann schrubbte ich eine Stunde oder länger die Küche. Das Putzen tat ich eigentlich gern, denn am Ende konnte man wenigstens ein Ergebnis sehen. Sonst hatte ich oft das Gefühl, daß es eigentlich keinen Unterschied machte, ob ich etwas tat oder nicht.
Und als meine geschwollenen Knöchel mir deutlich machten, daß ich aufhören mußte, setzte ich mich eine Minute lang zu Beau und Aber, bevor ich sie wieder in den Kombiwagen packte und nach Hause verfrachtete.
Der Umzug war für mich ein schmerzlich-süßes Erlebnis, eine Mischung von Trauer über das Verlassen von etwas Vertrautem und Freude über einen neuen Anfang. Jetzt

verließen wir also unsere Reihenhauswohnung, die uns zu klein geworden war, und zogen in unser erstes eigenes Haus, das Haus, von dem Grant und ich seit unserer Verlobung geträumt hatten. Es war kein Palast, auch kein funkelnagelneuer Bungalow, sondern ein gemütliches kleines Nest, das wir umbauen und verändern konnten, bis sich unsere Familie darin spiegelte. Ein Haus voller Wärme und Gefühl, mit einer großen Wand in der Küche, wo die Jungen ihre Zeichnungen aufhängen konnten, die sie von der Schule heimbrachten.

Ich beobachtete Beau und Aber beim Schlafen. Was ging ihnen wohl durch den Kopf, wenn sie Ben ansahen? Wußten sie, daß er sterben würde? Hatte Beau begriffen, wirklich begriffen, daß Aids bedeutete, daß er eines Tages keinen großen Bruder mehr haben würde? Und was war mit Abraham? Was konnte ein Dreijähriger denn vom Tod begreifen?

Wie würde das Leben in diesem Haus für Beau und Aber werden? Und für Ben? Wie die Tage, die er in seinem eigenen Zimmer hier verbringen würde? Wie lang — wie viele Wochen, wie viele Monate, wie viele Jahre — durfte er in diesem Haus mit uns verbringen?

Daran konnte ich jetzt nicht denken. Ich mußte zurück in unsere alte Wohnung.

Grant kam spät in der Nacht vom Krankenhaus heim. Am nächsten Tag mußten wir umziehen.

Schon kurz nach sieben Uhr hörten wir Laceys alten Volvo-Kombi draußen hupen. Joe war ein pensionierter Hauptmann, den wir von der Kirche kannten, Mary eine pensionierte Lehrerin. Sie hatten sich oft um Beau und Aber gekümmert, während ich im Krankenhaus war.

Ich ging in den Vorgarten, um sie zu begrüßen. Doch es waren nicht nur Joe und Mary. Da waren auch die Karchners und die Smiths. Und während ich noch dastand und schaute, bog ein ganzer Konvoi von Kleinlastern und Kombiwagen um die Ecke in unsere kleine Straße ein, es sah aus wie eine Parade. Eine Parade von Menschen, die alle kamen, um uns zu helfen. Angehörige unserer Kirche, lauter gute Freunde. Die Teenager, denen ich Unterricht gegeben hatte. Die Männer aus Grants Kirchengruppe. Menschen mit guten Herzen, die uns jeden Sonntag fragten, ob sie nicht etwas für uns tun konnten. Und denen ich immer nein gesagt hatte, weil ich nicht wußte, wo ich anfangen sollte, und weil ich es nicht gewohnt war, daß ich Hilfe brauchte.

Jetzt hatten sie alle etwas gefunden, wo sie helfen konnten. Die Männer schleppten die Möbel und die Umzugskartons heraus. Die Frauen halfen mir beim Saubermachen. Und eine meiner früheren Schülerinnen kümmerte sich um Beau und Aber.

Am späten Nachmittag traute ich kaum meinen Augen. Der Umzug war erledigt. Unser Haus war blitzblank. Die Borde im Schrank waren mit Papier ausgelegt. Der Tiefkühlschrank war voller Aufläufe und Nachspeisen für eine ganze Woche. Und Bett und Kommode aus Ahorn von Großvater Oyler, als er noch ein Kind war, waren jetzt endlich vom Dachboden geholt worden und warteten in Bens neuem Zimmer nur darauf, daß er nach Hause kam.

Grant und ich waren erschöpft, aber begeistert. Ich weiß noch, wie wir beide, an einer Wohnzimmerwand lehnend, unser Werk betrachteten und dann plötzlich hinuntergeglitten und auf dem Boden saßen.

»Wie würde das aussehen, wenn wir links und rechts vom Kamin ein paar Bücherborde anbauen würden?« fragte ich.

»Vielleicht sollten wir die Küche vergrößern und noch ein Stockwerk ausbauen«, meinte Grant. »Wir könnten den Raum brauchen, wenn Chelsea da ist.«

Ich neigte mich zu ihm hinüber und küßte ihn.

»Weißt du, was das einzige ist, das ich mir wirklich wünsche?«

»Ich?« fragte er scherzend.

»Außer dir. Einen runden Küchentisch. Der ist viel gemütlicher als ein viereckiger. Da kann man immer alle reden sehen. Das ist mehr wie ein Familienkreis.«

Grant und ich hatten wieder zu träumen begonnen, wir träumten von Dingen, die sich verwirklichen ließen. Wir fingen an, wieder über die Zukunft zu sprechen, als ob wir uns darauf freuen konnten. Wahrscheinlich brauchen auch Erwachsene manchmal so eine Liste von Sachen, auf die sie sich freuen können.

Zwei Tage später fuhren wir Ben holen. Es ging ihm wieder viel besser, und als wir heimkamen, sauste er sofort neugierig in sein neues Zimmer.

»Papa! Mami! Das ist super!« brüllte er. »Und Großvaters Möbel!«

Ich half Ben, seine Star-Wars-Poster an die Wände zu kleben und die hölzernen Dinosaurier und Modellflugzeuge von der Zimmerdecke herab aufzuhängen, und dann stellten wir auch den kleinen Familiencomputer in Bens Zimmer.

Bis auf die Medikamente im Wandschrank sah das Zimmer jetzt schon ganz nach Ben aus.

Unserem Ben.

Als ich eben Bens Bett aufschlug, kamen Beau und Aber durch den Hausflur heruntergerannt und sprangen auf Bens Bett, und Ben sprang sofort zu ihnen. Ich drehte mich um und sah, wie Grant mit seinem schauerlichsten Riesenbärengang und seinem gräßlichsten Bärenknurren ins Zimmer geschlichen kam, und ich mußte lachen.

Auf Grant konnte man sich verlassen. Ich liebte das so sehr an ihm, diese Jungenhaftigkeit. Er warf mir schnell ein ganz unbärenhaftes Lächeln zu und setzte sich dann mitten unter seine Söhne auf das Bett.

»Es war einmal ... ein ganz furchtbar großer, fürchterlicher schwarzer Bär im finstern Wald, mit riesigen Hauern und funkelnden, kleinen schwarzen Knopfaugen. Aber eines Tages kam er aus dem Wald geschlichen...«

Grant hielt inne, um wieder zu knurren. Er knurrte ganz echt wie ein hungriger Bär.

»Und was glaubt ihr, was er sah? Drei kleine Buben, die in ihrem funkelnagelneuen Garten hinterm Haus spielten. Ja, das sah er. Und wißt ihr, wie die drei hießen?«

»Ben!« sagte Benjamin.

»Beau!« sagte Beau.

»Und Aber!« sagte Abraham.

Ich blieb im Türrahmen stehen und hörte zu. Grants tiefe, brummige Bärenstimme mischte sich mit den aufgeregten hellen Stimmen der Jungen.

Ihre Stimmen verwandelten dieses unbekannte neue Haus in ein Oyler-Heim. Grants Vater hatte ihm diese Geschichte erzählt, als er ein kleiner Junge war, und sicher hatte auch er sie schon als Kind von seinem Vater gehört.

Ich ging zurück in unser Schlafzimmer und zog mich aus. Ich war todmüde, aber auch glücklich, glücklicher als seit vielen Monaten. Wenn ich jetzt einschlief, dann in dem sicheren Bewußtsein, daß der tapferste kleine Junge des heutigen Abends sich dem Bären stellen und ihn auch anknurren würde — ihm dann seinen Arm ganz, ganz tief in den Rachen des Bären stecken, ihn am Schwanz packen und von innen nach außen stülpen würde..., und damit wären alle gerettet.

Und daß alle, wenigstens im Märchen, dann glücklich weiterleben würden bis an ihr seliges Ende.

Die folgende Woche verbrachten wir mit dem Auspacken der Umzugskartons. Dann stellten wir für Darcy im Garten hinter dem Haus einen Zaun auf und planten, wie wir am besten den Garten anlegen könnten. Wir arbeiteten immer alle zusammen. An dem Haus war noch sehr viel zu tun, aber wichtig waren nur die drei obersten Punkte auf der Liste, die meine Mutter mir in meinem Augenblick der

Verzweiflung genannt hatte. Und ich hatte sie alle: meinen Mann, meine Kinder — und meinen gesunden Menschenverstand.

An dem Tag, bevor die Schule beginnen sollte, gingen Grant und ich noch einmal zu der Direktorin der *Carmel River School.* Wir wollten ihr erklären, daß Ben zumindest am Anfang wahrscheinlich nicht imstande wäre, dem gesamten Unterricht beizuwohnen. Aber ein paar Stunden lang jeden Tag würde es schon gehen, damit er seine neuen Kameraden kennenlernte. Daran lag ihm jetzt am allermeisten. Er war den ganzen Sommer über so oft im Krankenhaus gewesen, daß er eigentlich gar keine Freunde mehr hatte, mit denen er regelmäßig in Verbindung gewesen wäre.

Aber jetzt kam er ja in eine neue Schule.

»Es wird vielleicht eine ... Verzögerung geben«, erklärte sie uns. »Natürlich nicht mit Beau. Nur mit Ben.«

»Eine Verzögerung? Warum eine Verzögerung? Wir haben doch schon vor ein paar Wochen mit Ihnen gesprochen, damals gab's doch kein Problem«, sagte ich. Mir wurde ganz übel. Das konnten sie Ben doch nicht antun. Nicht, nachdem wir ihnen alles erzählt hatten — und sie waren einverstanden gewesen. Warum hatte uns niemand gewarnt? Begriffen sie denn nicht, daß Ben sich den ganzen Sommer lang auf die Schule gefreut hatte?

»Mrs. Oyler, es ist Ihnen sicher aufgefallen, daß wir eine Wahl zum Elternrat hatten. Wir haben jetzt einen neuen Beirat. Und einen neuen Vorsitzenden. Vielleicht können Sie die Angelegenheit mit ihm besprechen.«

Grant und ich trauten unseren Ohren nicht. Wir hatten von einem Jungen in New York gehört, der nicht zur Schule gehen durfte, weil die anderen Eltern solche Angst hatten, ihre Kinder würden auch Aids bekommen. Eben deshalb hatten wir ja schon lange vorher mit der Schule gesprochen, um sicher zu sein, daß wirklich alles klappen würde.

Es war alles abgemacht. Zumindest, unseres Wissens, abgemacht *gewesen*.

»Wann können wir mit dem neuen Vorsitzenden sprechen und diese Sache klären?« fragte Grant.

»Ich rufe ihn gleich an, aber er hat natürlich viel zu tun, denn morgen ist ja der erste Schultag«, antwortete sie. Das wußten wir auch.

Es sollte ja auch Bens erster Schultag sein.

Wir bekamen einen Termin für Donnerstag — zwei Tage nach Schulbeginn. Wir konnten Ben nur sagen, daß er noch zwei Tage warten mußte, bis er in die Schule gehen konnte. Er war enttäuscht, aber schließlich waren es ja nur zwei Tage.

»Tja, wir stehen da vor einem kleinen Problem«, sagte Dr. Robert Infelice, der Vorsitzende des Elternrats, als wir in seinem Büro Platz nahmen. »Sehen Sie, wir haben einige Eltern, die sehr dagegen sind, daß Ben zur Schule kommt, und wir müssen da vorsichtig vorgehen. Der Elternrat müßte darüber abstimmen, und vielleicht im November...«

»Können wir irgend etwas tun? Vielleicht einen Informationsabend über Aids abhalten? Einen Elternabend organisieren?« fragte ich.

»Also, zuerst müssen wir die Sache mit den Lehrern abklären... Vielleicht im November...«

November? Das war in zwei Monaten. Konnten sie denn nicht begreifen, was zwei Monate für Ben bedeuteten?

»Aber Ben möchte *jetzt* zur Schule gehen. Er hat sich den ganzen Sommer darauf gefreut. Sie können sich nicht vorstellen, was das für ihn bedeutet!«

»Auch anderen Eltern bedeutet das sehr viel. Auch unserem Elternrat. Es geht hier wirklich um eine wichtige Frage!«

»Aber die anderen Kinder können doch nicht Aids von Ben bekommen. Das haben zahlreiche Untersuchungen bewiesen. Wenn Ben jemanden anstecken könnte, meinen Sie denn nicht, daß seine kleinen Brüder dann schon Aids hätten oder ich oder mein Mann?«

»Sie haben mein vollstes Mitgefühl, Mrs. Oyler, das ist sicher alles sehr schwierig für Sie. Aber wäre nicht ein Hauslehrer besser für Ihren Sohn? Ben wäre doch sicherlich nicht imstande, den ganzen Tag in der Schule zu verbringen, oder? Das ist auch zu seinem eigenen Schutz. Kinder können oft sehr grausam sein zu anderen Kindern, die nicht so sind wie sie selbst. Wir möchten nicht, daß sein Schulbesuch in einer ablehnenden oder gar feindseligen Umgebung stattfindet. Und es ist zu befürchten, daß das so wäre.«

Woher wußte er, was richtig war für Ben?

»Es geht in der Schule nicht nur um die Vermittlung von Wissen, Dr. Infelice«, entgegnete Grant. »Es geht um das Zusammensein mit anderen Kindern, um Freundschaften und auch darum, daß man lernt, mit anderen auszukommen. Umgekehrt könnten die anderen Kinder auch viel von Ben lernen.«

Jedoch — der Elternrat bliebe vorerst bei der einmal gefaßten Meinung, hieß es schließlich. Ihrer gesetzlichen Verpflichtung, Ben eine Schulbildung zu ermöglichen, würde sich die Schule nicht entziehen — aber zu *ihren* Bedingungen. Sobald Ben dazu bereit und imstande war, würde man ihm einen Hauslehrer schicken. Und öffentliche Vorträge veranstalten, um die Eltern über Aids zu informieren. Dann würde es noch einmal eine Abstimmung im Elternrat geben; danach konnte man weitersehen.

Das war alles.

Auf dem Heimweg sprachen Grant und ich darüber. Ich konnte nicht verstehen, warum wir von diesem Beschluß nicht verständigt, ja nicht einmal dazu befragt worden waren. Warum war alles so heimlich vor sich gegangen? Und uns dann einfach als vollendete Tatsache vorgesetzt worden? Und jetzt sollten wir uns einfach fügen und den Mund halten. Ich hatte ein Recht, darüber wütend zu sein. Es war unfair! Und dumm! Doch sie gingen nicht von ihrer Meinung ab, also blieb uns nur der Weg in die Öffentlichkeit. Wie der Familie des kleinen Jungen in New York. Aber wollten wir das wirklich? Wollten wir uns wirklich der zusätzlichen Belastung durch eine gerichtliche Auseinandersetzung unterziehen und damit der öffentlichen Skandalsucht ausliefern? Fernsehkameras im Vorgarten? Wie würde Ben auf soviel Aufsehen reagieren? Wollten wir wirklich unsere Kraft auf solche Kämpfe verschwenden? Nein. Was wir noch an Kraft besaßen, das brauchten wir für unsere Zeit mit Ben.

Aber so einfach wollten wir auch nicht aufgeben. Wir mußten gegen den Elternrat mit seinen eigenen Mitteln kämpfen. Und wie sollten wir Ben sagen, daß er nicht zur Schule durfte? Was gab es jetzt sonst noch für ihn, auf das er sich freuen konnte? Mir fiel nichts anderes ein als die kleinen Pfadfinder, die sogenannten Wölflinge. Ben hatte schon seine Uniform. Ich rief gleich die neue Führerin der Wölflinge an, um zu fragen, ob sie Ben noch haben wollten. Sie antwortete, daß sie sich sehr freuen würde, Ben gleich beim ersten Treffen Ende dieser Woche zu sehen.

»Ben, schau, sie ist fast fertig«, sagte ich an diesem Nachmittag und hielt die Uniform hoch, auf die ich die neuen Abzeichen genäht hatte.

»Toll, Mami«, sagte er.

»Ben, komm her, ich möchte etwas mit dir besprechen, okay?« sagte ich und klopfte neben mir auf das Sofa.

Er kam zu mir und hielt noch einmal seine neue Uniform hoch.

»Steht dir sehr gut«, sagte ich. »Aber Ben, ich habe schlechte Nachrichten für dich.«

Er sah mich an.

»Was, Mami?«

»Es geht um die Schule. Du kannst morgen nicht anfangen.«

Ich sah, wie ihm die Tränen in die Augen stiegen.

»Warum nicht?«

»Weißt du noch, wie wir darüber sprachen, daß alle sich vor Aids fürchten, weil es so neu ist? Hier fürchten sich eben auch viele. Sie verstehen die Krankheit noch nicht. Deshalb wollen die Leute, die diese Schule leiten, die anderen Eltern ein bißchen darüber aufklären, bevor du auch hingehen kannst. Das kann vielleicht zwei Monate dauern. Vielleicht sogar ein bißchen länger. Aber bis dahin geben sie dir einen Hauslehrer, der zu uns kommen wird, um dir zu helfen, daß du nicht zuviel versäumst.«

»Das heißt, Beau darf gehen und ich nicht?«

Ich nickte. Was konnte ich noch viel sagen? Genauso war es.

»Ben, es tut mir so leid. Bitte glaub mir, daß Papa und ich das gar nicht richtig fanden.«

»Aber dann lerne ich doch die neuen Schulkameraden gar nicht kennen.«

»Wir werden uns weiter darum bemühen, daß wir dich so bald wie möglich in die Schule bringen. Aber bis dahin, Ben, müssen wir andere Wege finden, daß du neue Freunde kennenlernst. Nächste Woche ist das erste Wölflingstreffen, nicht?«

Er dachte eine Weile nach, und ich fragte mich, was wohl in seinem kleinen Kopf vorging.

»Ich hab' mich wirklich so auf die Schule gefreut. Aber mach dir keine Sorgen, Mami. Das ist schon in Ordnung. Aber darf ich mit Beau auf dem Fahrrad zur Schule fahren? Er ist ja noch so klein, Mami. Ein kleiner Erstkläßler. Er braucht jemanden wie mich, der auf ihn aufpaßt.«

Ben war es gewesen, der Beau das Radfahren beigebracht hatte.

»Wird dir das nicht zuviel?«

»Es geht ja nur bergab, Mami.«

»Nicht immer. Aber ich glaube, du wirst es schon schaffen. Beau ist wirklich noch sehr klein. Seid bitte vorsichtig und bleibt zusammen.«

Ich drückte Ben an mich. Manchmal überraschte er mich wirklich. Er machte sich um Beau mehr Sorgen als um sich selbst. Er bat kaum je um irgend etwas, und er beklagte sich fast nie. Was ihn am meisten beschäftigte, waren die Menschen, die er liebte. Kinder sind so geduldig, dachte ich.

Zeitig am nächsten Morgen gingen er und Beau fort. Ben hatte seine neue Schulkleidung mit den Hosenträgern angezogen. Beide waren sie ganz aufgeregt über ihr kleines Abenteuer. Es war schon eine Weile her, seit Ben zum letzten Mal auf seinem Rad gefahren war.

Ich küßte sie zum Abschied. Dann wartete ich.

Etwa dreißig Minuten später läutete das Telephon. Es war Bens Stimme. Er war zu schwach, um heimzufahren. Ob ich ihn bitte abholen könnte?

Ich fand ihn vor der Schule, wo er auf mich wartete. Zuerst entschuldigte er sich, weil er in die Schule hineingegangen war, was er doch nicht durfte. Das machte mich nur um so wütender. Ein Achtjähriger, der sich dafür entschuldigte, daß er in die Schule hineingegangen war!

Auf der Heimfahrt, das Rad im Kofferraum, konnte es Ben gar nicht erwarten, mir alles zu erzählen.

»Das war lustig, wie wir den Berg hinuntergefahren sind«, sagte er. »Du hättest uns sehen sollen. Wir sind nur so losgefetzt, Beau und ich.«

»Und du hast Beau in die richtige Klasse gebracht?«

»Na klar, Mami. Er hat wirklich eine liebe Lehrerin. Darf ich mir nochmal sein Klassenzimmer anschauen gehen ... vielleicht mal nach der Schule? Seine Lehrerin hat gesagt, das darf ich.«

Für den Rest der Heimfahrt blieb er still. Später am Vormittag tauchte er bei mir in der Küche auf.

»Mami, könntest du bitte eine Anzeige für mich in die Zeitung setzen?«

»Wozu denn, Ben?«

»Ich möchte mein Fahrrad verkaufen.«

Ich glaube, erst jetzt erkannte ich ganz, wie sehr sich Ben verändert hatte. Einstmals so Wichtiges wie Fahrräder und Breakdance und Schule bedeuteten ihm nicht mehr sonderlich viel. Sein Geist und seine Seele bereiteten sich schon auf etwas Größeres vor.

Grant und ich klammerten uns an die Hoffnungen auf das Morgen. Daß Ben Breakdance machen würde. Daß er wieder radfahren würde. Daß er wieder gesund und stark sein würde. Alles Illusionen für die Zukunft.

Aber vier Monate dieser »Zukunft« waren gekommen und vergangen. Und Ben ging es nicht besser. Im Krankenhaus konnten sie ihn aufpumpen und für ein paar Tage stärken und kräftigen, aber die Zukunft, von der Grant und ich träumten, zeigte sich nicht. Ben wußte es, auch wenn wir es nicht erkannten.

Es war wie diese Geschichten, die man oft von Menschen hört, die im Augenblick der Gefahr plötzlich über ungeahnt viel Kraft und Energie verfügen. Energie, die sie vorher nie hatten. Das galt auch für Ben. Tief in ihm sprudelte eine Quelle der Kraft, die ihm half: zu begreifen und zu akzeptieren und sich nicht zu ängstigen. Wir, wir allein hatten Angst. Angst vor einem Ende. Aber Ben konnte bereits einen Anfang sehen — einen Anfang, der ihn zwar von uns fortführen würde, aber an einen Ort, den nicht zu fürchten wir ihn gelehrt hatten.

So stark unser Glaube auch war, so war er doch, wie ich jetzt erkenne, eigentlich ziemlich theoretisch. Wir hatten ihn noch nie derart unter Beweis stellen, einer Kraftprobe aussetzen müssen, wie Ben das jetzt mußte.

Wir hatten uns geistig und seelisch darauf eingestimmt. Aber unsere Gefühle waren nicht vorbereitet. Wie denn auch? Es gibt keinen Weg, wie die Lebenden sich auf den Tod vorbereiten können. Nicht wirklich vorbereiten ...

Und ganz gleich, wie stark unser Glaube auch war — dort, wo es wirklich darauf ankam, waren wir nur ein einfaches, junges, hilfloses Elternpaar, das nicht wollte, daß sein Sohn stirbt.

Als das Schuljahr begann und es sich herumgesprochen hatte, daß es in diesem Schulbezirk einen kleinen Jungen mit Aids gab, da war Bens Geschichte jeden Abend im Regionalfernsehen zu sehen und jeden Morgen in der Zeitung zu lesen. Er war der anonyme kleine Junge mit Aids. Sein Name wurde nie erwähnt, weil wir ja nicht an die Öffentlichkeit gehen wollten. Nur unsere Familie, ein paar Freunde und ein paar Leute in der Schule wußten, daß es Ben war. Und so war Ben der siebenundsiebzigste Bluter in den Vereinigten Staaten von Amerika, bei dem Aids festgestellt wurde, ein Drittkläßler mit Aids aus der *Carmel River School*.

Es gab öffentliche Versammlungen und Diskussionen darüber, und die Ärzte unserer Stadt bezeugten, daß kein Familienmitglied eines an Aids Erkrankten je mit Aids angesteckt worden war. Kein einziges. Aber die Statistik zählte nicht. Die anderen Eltern hatten sich aus Vorurteilen und Halbwissen ihre Meinung gebildet. Sie hatten dumpfe, aber verständliche Angst. Und die ließen sie sich nicht ausreden, nicht von den Ärzten, nicht von den Gesundheitsbehörden, nicht von der Stiftung für Hämophilie.

Aids — oder vielmehr die Aidsangst — hatte unsere kleine Gemeinschaft in ihrem Würgegriff.

Eines Tages war ich beim Autowaschen, als ich eine andere Frau in meiner Nähe davon reden hörte. »Finden Sie das nicht auch gräßlich, diese Familie, die ihren an Aids erkrankten Sohn in die Schule schicken möchte?« Ich reagierte nicht.

Sie redete weiter. »Also ich möchte jedenfalls nicht, daß eines meiner Kinder mit ihm zur Schule geht.«

Dann mischte ich mich doch ein: »Aber wenn Sie genau

überlegen, dann gibt's ja eigentlich wirklich keine Gefahr für Ihr Kind. Aids kann ja nicht durch zufällige Berührungen, wie sie in der Schule vorkommen, übertragen werden.«

»Das weiß aber niemand sicher.«

Mein Wagen war fertig, und ich war froh, mich verabschieden zu können. Die Frau hatte keine Ahnung, daß sie mit der Mutter jenes Kindes gesprochen hatte, das sie für so gefährlich hielt.

Wir fühlten uns wie in einem Goldfischglas, nur daß die Leute nicht unsere Gesichter erkennen konnten. Sie wollten uns alle anstarren, wußten aber nicht, wo sie uns finden konnten. Sie hätten uns gern ausgestoßen, wußten aber nicht, wo wir waren.

Es gelang uns zwar, die Fernsehreporter von Ben fernzuhalten, aber Ben vom Fernsehen fernzuhalten, war viel schwerer. Als er die erste Sendung über sich selbst sah, fand er es aufregend, so berühmt zu sein. Aber das legte sich bald.

»Ich möchte viel lieber zur Schule gehen wie alle anderen auch«, sagte er.

Aber er durfte nicht zur Schule gehen. Nur zum Treffen der Wölflinge ging er. Die Führerin küßte ihn und winkte mir zu, als ich ihn hingebracht hatte. Und als ich ihn abholte, kam er mit einem halben Dutzend bunter Lampions heraus, die er aus farbigem Papier gemacht hatte. Überall hatte er seinen Namenszug mit Klebstoff draufgeschrieben und dann mit Flitter bedeckt. Da stand also jetzt in glitzernden Buchstaben: *Ben Oyler.*

Aber im weiteren Verlauf des September wurde Ben wieder immer schwächer. Der traurigste Umstand an unserem Kampf mit der Schule war nun, daß Ben ohnehin nicht mehr zur Schule hätte gehen können. Selbst die Arbeit mit einer Hauslehrerin wäre ihm zuviel gewesen. Es gab Tage, an denen er gar nicht aufstehen konnte, wo er weder irgendein Essen noch seine Medikamente unten behielt.

Auch mit Beau und Aber zu spielen war ihm dann zu anstrengend.

Ich glaube, Beau hatte am meisten unter der Schulkontroverse wegen Ben zu leiden. Vielleicht noch mehr als Ben selbst. Beau war immer so stolz darauf gewesen, Ben Oylers Bruder zu sein.

Und jetzt war er in einer neuen Schule, wo seine Klassenkameraden nichts anderes über ihn wußten als nur, daß er der Bruder des Jungen war, der Aids hatte.

Ich redete mit Beaus Lehrerin, die sich wirklich großartig verhielt. Sie schirmte ihn vor den Kameraden ab und rief mich im Lauf dieses Jahres immer wieder an, um mir mitzuteilen, wie es ihm in der Schule ging.

Zum ersten Mal rief sie mich schon in der zweiten Schulwoche an. Beau konnte sich offenbar nicht konzentrieren, sagte sie. Er wurde mit keiner Arbeit fertig. Er fing an, aber dann starrte er einfach vor sich hin ins Leere. Ich hatte das gleiche auch schon zu Hause bemerkt und mit ihm darüber gesprochen. Aber ich wußte nicht, wie ihm zu helfen war. Die Wurzel des Übels konnte ich nicht ändern. Die Lehrerin und ich kamen gemeinsam zu der Auffassung, daß es am besten war, ihn vorläufig in Ruhe zu lassen. Ich nahm mir vor, bei unserem nächsten Besuch im Krankenhaus Judie Lea nach psychologischer Beratung zu fragen.

Eines Tages hing ich gerade Bens Bettücher an die Wäscheleine, damit sie frisch rochen, als Beau herausgelaufen kam. Beau war von Ben so verschieden wie der Tag von der Nacht. Wo Ben nachdenklich war, oft still, war Beau immer direkt, geradeheraus.

»Mami, mit Ben ist es nicht mehr lustig«, erklärte er. »Er hat mich und Aber aus seinem Zimmer geworfen und gesagt, wir sollen draußen bleiben. Man kann überhaupt nichts mehr mit ihm anfangen.«

Ich stellte den Wäschekorb hin und setzte mich mit Beau ins Gras.

»Ben ist einfach krank, Beau, und fühlt sich schwach — das ist alles.«

»Ben ist immer krank, Mami.«

»Weißt du noch, wie du Grippe hattest? Da hat dich doch auch gar nichts gefreut, oder? Da wolltest du überhaupt nicht, daß Ben und Aber auf deinem Bett herumsprangen oder Krach machten oder draußen mit dir spielten, weil du dich eben gar nicht wohl gefühlt hast.«

Beau starrte ins Gras. Er erinnerte sich daran.

»Na siehst du, Beau, und so geht es Ben jetzt die ganze Zeit. Den ganzen Tag und die ganze Nacht auch noch. Ihm tut es furchtbar leid, daß er mit dir nicht mehr so spielen kann wie früher, so etwas ist ja wirklich sehr frustrierend, nicht?«

»Mami, ich will wieder den alten Ben haben! Er fehlt mir so..., so, wie er früher war. Wann wird es wieder so lustig mit Ben, Mami?«

»Ich weiß es nicht, Beau. Ben ist vielleicht noch sehr lange krank. Vielleicht wird er nie wieder der alte Ben. Weißt du, es liegt ihm jetzt sogar viel mehr daran, daß ihr beide, du und Aber, mit ihm spielt; nur müssen es andere Spiele sein. Leise Spiele. Spiele, bei denen man nicht laufen muß. Und ihr müßt viel Geduld mit ihm haben. Genausoviel, wie er mit dir hatte, als du klein warst. Glaubst du, daß du das fertigbringst?«

Beau blickte zu Boden, aber ich sah, wie ihm die Tränen über die Nase liefen. Ich nahm ihn in die Arme und ließ ihn noch ein bißchen weinen.

»Ich will schon noch mit Ben spielen, Mami. Aber ich glaub' nicht, daß er mit mir spielen will... Mami, ich glaub', Ben mag mich nicht mehr.«

»Aber Beau! Ben hat dich sehr gern! Ben hat dich wirklich sehr, sehr gern, das darfst du nie vergessen, okay?«

»Okay.«

Beau sagte, er hätte mich verstanden. Ich war mir nicht

so sicher. Ich hatte nach unserem kleinen Gespräch wieder einmal ein Gefühl der Unvollständigkeit, als wäre etwas ungelöst, ungeklärt geblieben.

Am nächsten Morgen kam Ben aus der Dusche und war, wie jetzt jeden Morgen, zittrig und unsicher auf den Beinen. Diesmal hatte er mir zufällig den Rücken zugedreht. Und plötzlich erfuhr ich eine Art von Schock, denn ich sah, wie dünn er war. Ich konnte jede einzelne Rippe zählen. Seine Haut hing locker und leblos über seinen Knochen. Und wenn er ging, dann schlugen seine kleinen Hinterbacken in Falten an die Oberschenkel. Das war nur mehr Haut, ohne das geringste Fleisch darunter.

Es nahm mir den Atem, ihn so zu sehen. Wann hatte Ben sich in ein Skelett verwandelt? Wieso hatte ich das nicht früher bemerkt? Hatte ich so heftig gewünscht, daß es ihm besserginge, daß ich gar nicht bemerkte, wie furchtbar krank er wirklich war?

Es war wirklich kein Fleisch mehr an ihm. Gar keines. Ich konnte jeden Wirbel in seinem Rücken klar erkennen. Und seine Beine waren so dünn, daß die Knie wie große Kugeln oder Bälle wirkten. Er war buchstäblich nur mehr Haut und Knochen.

Ich nahm ein großes Handtuch und wickelte ihn damit ein. Ich wollte ihn wärmen, zudecken, ihn halten und ihm sagen, wie lieb ich ihn hatte.

Ich war zu Tode erschrocken.

Wir mußten etwas tun. Aber ich wußte nicht, was. Ich hatte alles versucht, um ihn zum Essen zu bringen. Wenn er bei den Mahlzeiten nichts aß, dann gingen wir nachher alle seine Lieblingsspeisen durch. Aber alle hausgemachten Käsesandwiches, alle Expreßfahrten quer durch die Stadt, um ihm Tacos zu holen, machten keinen Unterschied, weil er nichts im Magen behalten konnte.

Als die Jungen an diesem Abend zu Bett gebracht waren, saß ich im Wohnzimmer und wartete, daß Grant nach Hause kam. Er arbeitete jetzt immer so lange, um die Zeit aufzuholen, die er letzte Woche versäumt hatte.

Ich schaltete das Fernsehen ein. Es gab ein Sonderprogramm über die Hungersnot in Äthiopien. Die Kamera konzentrierte sich immer wieder auf die Kinder. Kinder mit riesigen Augen und hohlen Wangen, die nur mehr auf den Tod warteten.

›So sieht Ben aus‹, dachte ich.

Ben verhungert. Nur leben wir nicht in Afrika. Das hier ist Amerika. Meine Speisekammer ist voll mit Essen. Und ich kann nichts dagegen tun, daß er verhungert.

Als Grant heimkam, saß ich schluchzend auf dem Sofa.

»Chris«, sagte er zärtlich, »warum drehst du denn nicht ab, wenn dich die Sendung so aufregt?«

»Es ist nicht die Sendung... es ist Ben. Schau dir diese Kinder an. Ben sieht genauso aus. Ganz genauso...«

»Aber geh, Chris, ... so arg doch nicht.«

»Grant, er ist am Verhungern!«

Grant richtete den Blick zu Boden. Ich konnte sehen, wie er die Tränen zurückhielt, wie er sich sagte, daß er stark sein mußte, stark für uns beide. Dann legte er den Arm um mich.

»Du hast nur eben einen schwarzen Tag. Wir müssen daran glauben, daß er wieder gesund wird. Wir müssen darauf vertrauen, daß er das durchsteht. Und er wird es durchstehen. Ich weiß es.«

»Grant, ich will ein Wunder, ganz genau wie du..., aber du bist tagsüber nicht zu Hause. Du mußt nicht versuchen, ihm seine Medikamente einzugeben. Aber ich muß. Und es geht nicht. Es geht einfach überhaupt nicht. Schau ihn dir doch morgen einmal an, wenn er aus der Dusche kommt. Grant, wir müssen etwas unternehmen. Und zwar schnell. Sonst verlieren wir Ben. Aber ich kann nicht einfach zusehen, wie mein Kind verhungert. Ich muß etwas tun.«

V

Unser erstes Wunder

Ich wußte, daß es für Bens Problem keine schnellen Antworten oder gar Lösungen gab. Aber ich wurde die Vorstellung nicht los, daß es irgendwo, gleich hinter dem Horizont, noch eine Möglichkeit geben könnte, die wir ausprobieren müßten. Eine neue Therapie, die bald in einer medizinischen Fachzeitschrift erscheinen würde. Ein neues Medikament, das jetzt noch in irgendeinem Laboratorium getestet wurde, oder eine neuartige Kombination von Vitaminen, die vielleicht in der Schweiz oder in Frankreich schon Erfolg hatte.

Denn wenn wir nicht bald eine neue Behandlungsmöglichkeit entdeckten, dann würde Ben es wohl nicht mehr bis Weihnachten schaffen. Und auch seinen kleinen Bruder — oder die kleine Schwester — würde er, so fürchtete ich, nicht mehr sehen.

Ich war schon im achten Monat; das Baby sollte Anfang November kommen. Irgendwie war durch diese langen Monate voller Schmerz und Unsicherheit das Wunder des Lebens in mir weiter gewachsen, als wäre nichts geschehen. Während mein erstgeborener Sohn dem Tod entgegenging, bereitete sich ein neues Kind in mir auf den Tag seiner Geburt vor. Ein Kind, an das zu denken ich kaum Zeit fand. Ein Kind, das noch kein Kinderzimmer hatte, ja nicht einmal einen Namen.

Ben fühlte sich mit dem Baby sehr verbunden. »Wie geht's dem Baby heute, Mami?« fragte er mich oft schon am Morgen. Und wenn dann das Baby munter war, dann ließ ich ihn die kleinen Ellbogen und Knie fühlen, wie sie in mir herumstießen.

Das Baby hatte Ben schon im Mai auf seine Liste von Ereignissen gesetzt, auf die er sich freute. Aber damals hatte er vor allem an einen kleinen Bruder gedacht, einen Jungen, der eines Tages zu seinem Team gehören würde. Jetzt freute er sich auf ein Baby, ein Baby, das er sehen und in die Arme nehmen und liebhaben konnte.

Aber ich fürchtete, daß er dazu keine Gelegenheit mehr haben würde.

Ich rief Judie Lea an und sagte ihr, daß ich Ben ins Krankenhaus bringen und außerdem mit den Ärzten sprechen wollte.

Im Krankenhaus versuchten es die Schwestern mit einer Vene nach der anderen, bis sie Ben endlich an den Tropf anschließen konnten, der ihn von seiner Austrocknung erlösen würde. Seine Venen waren so schwach, daß sie immer wieder zusammenfielen.

Erst am Tag nach unserer Ankunft fand ich einen Hoffnungsschimmer, und zwar in Gestalt eines kleinen Jungen, der unten in der Halle mit einem *Hickman-Katheter* spazierenging.

Von diesem *Hickman* hatten wir zuerst ausgerechnet von Beau gehört. Bei einem von Bens ersten Krankenhausaufenthalten hatte Beau mit einem kleinen Jungen gespielt, der Leukämie hatte. Dieser Junge hieß auch Ben. Und aus seiner Brust ragte ein kleiner Gummischlauch. Er hatte ihn Ben gezeigt und ihm erklärt, daß er durch diesen Schlauch ernährt wurde. Und Beau hatte ihn uns gezeigt.

Als wir jetzt wieder ins Krankenhaus kamen, erkundigten wir uns danach.

»Das ist ein Hickman-Katheter«, erklärte Judie Lea Grant und mir. »Wir haben selbst schon daran gedacht. Ich weiß, daß die Ärzte Ihnen dieses Gerät vorschlagen wollten. Sie glauben, daß man Ben damit den Nahrungsschub geben könnte, den er jetzt so dringend braucht.«

Am nächsten Tag hatten wir unseren Gesprächstermin mit den Ärzten. Sie erklärten uns, daß es wohl keinen

Zweck hätte, mit dem kanadischen Antibiotikum weiterzumachen, auf das wir seit dem Sommer unsere Hoffnung setzten. Das überraschte mich nicht. Es nützte ja nichts. Aber dieses Medikament aufzugeben bedeutete überhaupt aufzugeben.

Und aufzugeben — das war nicht vorstellbar.

Je mehr wir über den *Hickman-Katheter* erfuhren, um so mehr erschien er uns wie die Erhörung unserer Gebete. Das war keine Gewähr, daß Ben am Leben bliebe — die Ärzte wiesen uns nachdrücklich darauf hin, daß damit keine Therapie verbunden war. Aber mit diesem Katheter würde Ben wenigstens nicht verhungern.

Der Katheter war ein kleiner Gummischlauch, der durch einen chirurgischen Eingriff in eine große Vene in Bens Brust eingeführt werden sollte. Und durch diesen Schlauch würde er ab jetzt alle Medikamente und die auf ihn abgestimmte flüssige Nahrung zugeführt bekommen. Der *Hickman* konnte Aids nicht heilen, aber es wäre sehr viel leichter, mit Aids zu leben.

»Heißt das, daß ich dann nicht mehr hungrig bin?« fragte Ben total verblüfft, als er zum ersten Mal von diesem Hickman hörte.

»Und stechen brauchen sie dich dann auch nicht mehr«, sagte Grant. »Keine Spritzen mehr. Sämtliche Medikamente gehen durch den Hickman.«

»Spitze!«

»Wir möchten, daß das deine Entscheidung ist, Ben«, sagte ich. »Jede Nacht werden wir dich an diese Maschine anschließen müssen, die die flüssige Nahrung und die Medikamente in dich pumpt. Das bedeutet, du wirst nic mehr sagen können, daß du heute nicht an die Maschine willst, denn dann hast du keine Wahl mehr. Tagsüber bist du frei. Aber in der Nacht, und zwar jede Nacht und volle zwölf Stunden lang, hängst du an der Maschine.«

Ben dachte ganze drei Sekunden lang nach.

»Aber dann bekomme ich keine Spritzen mehr? Ehrlich wahr?«

»Ich versprech's dir. Keine einzige, auch keinen Tropf mehr.«

»Das ist Spitze, Mami. Wann kann ich den Hickman bekommen?«

Die Operation konnte nicht vor Oktober angesetzt werden, das war der erste verfügbare Termin. Aber sobald wir wieder zu Hause waren, spürten Grant und ich das Bedürfnis, uns noch einmal zu versichern, ob wir auch das Richtige taten. Wenn wir uns nämlich wirklich für den *Hickman* entschieden, dann würde Ben für den Rest seines Lebens buchstäblich von einer Maschine abhängen.

Also lud Grant Dr. Rasband, den Bischof unserer Kirche, und seine Frau Esther eines Abends zu uns ein. Jim Rasband war nicht nur das Oberhaupt unserer Gemeinde in Carmel, sondern auch Arzt. Als sie bei uns ankamen, informierte Grant sie gleich über den letzten Stand von Bens Krankheit.

»Soviel wir sehen, schafft er es einfach nicht mehr viel länger. Er stirbt an Auszehrung«, sagte Grant. »Und dieser Hickman erscheint uns als der letzte Ausweg.«

»Kann sein«, antwortete Dr. Rasband. »Kann aber auch sein, daß man dadurch Bens Leiden nur verlängert. Haben Sie sich das überlegt? Ist es wirklich das, was Sie wollen?«

Ich beobachtete Grants Gesichtsausdruck. Das war hart für ihn. Ich hatte viel mehr Zeit mit Ben verbracht als er. Ich hatte mitansehen müssen, wie sein kleiner Körper von einer Stunde zur anderen immer mehr dieser Krankheit anheimfiel. Auch ich hatte noch nicht akzeptiert, daß Ben sterben mußte. Aber ich glaube, im September hatte ich zumindest die Tatsache akzeptiert, daß ich eines Tages soweit wäre. Grant nicht.

Ich antwortete für uns beide.

»Er leidet auch jetzt«, sagte ich. »Wenn er den Hickman

nicht bekommt, muß er verhungern. Und ich kann nicht danebenstehen und zusehen. Nicht, wenn es noch einen Ausweg gibt. Das kann ich einfach nicht.«

Die Frau des Bischofs hatte selbst zwei Söhne. Leise sagte sie: »Ich könnte es auch nicht.«

Wir beschlossen, den chirurgischen Eingriff vornehmen zu lassen.

Aber die Fragen, die Dr. Rasband aufwarf, hatten wir uns auch selbst schon gestellt. Es waren Fragen, die ich jetzt im Rückblick auf dieses schwere Jahr viel klarer formulieren kann als damals, als wir mittendrin steckten.

Taten wir das für Ben — oder für uns selbst? Versuchten wir, Ben am Leben zu erhalten, weil wir seinen Tod nicht ertragen konnten? Weil zwar Ben bereit war, wir es aber nicht waren? Wenn wir aber jetzt noch nicht bereit waren, wann, um alles in der Welt, würden wir es sein?

Aber wie sollten Eltern jemals den Kampf um das Leben ihres Kindes aufgeben?

Am 2. Oktober wurde Ben operiert. Ich erinnere mich deshalb an das Datum, weil das das erste war, das Ben in seinem Tagebuch festhielt. Dieses Tagebuch war ihm von ein paar Kindern geschenkt worden, die jetzt in seiner Klasse gewesen wären.

Er schrieb: »Am Mittwoch haben sie mich am Nachmittag mit der Retung nach Stanford gebracht. Wir furen mit dem Lifft hinauf, dann kamm ein Artz und gab mir was zum Schlafen, dann haben sie mich in Oberationszimmer gerollt, und dann bin ich in mein Zimmer in der Kinderglinik wieder aufgewacht, und alles war o. k.«

Darunter zeichnete er ein großes Herz, aus dem eine kleine Gummiröhre ragte. Über das Herz klebte er einen von den vielen Aufklebern, die er zusammen mit dem Tagebuch bekommen hatte. »Eine gute Nachricht!« stand darauf.

Und das war der *Hickman* wirklich.

Bald konnten wir in Ben wenigstens eine Spur von jenem Jungen wiedererkennen, der er vor seiner Erkrankung gewesen war. Wir mußten nicht mehr dieses furchtbare Gefühl haben, das sicher viele Menschen empfinden, wenn ein Familienmitglied ganz plötzlich von ihnen genommen wird oder wenn sich sein Zustand unaufhaltsam immer mehr verschlechtert. Zum Schmerz der Hinterbliebenen kommen dann noch die Gewissensbisse, daß man vielleicht nicht alles getan haben könnte.

Aber schon am ersten Tag nach der Operation besserte sich Bens Zustand schlagartig. Sobald die flüssige Nahrung in seinen Körper gepumpt wurde, schien er auf einmal viel munterer, viel wacher. Dieser Gummischlauch, der aus seiner Brust ragte, faszinierte ihn. Er interessierte sich für jedes minuziöse Detail des komplizierten Vorgangs, wenn die Schwestern die Vorrichtung reinigten und ihn für die Nacht an die Pumpe anschlossen, die die Nährmittellösung in seinen Körper schicken würde. Und wenn eine Schwester von der üblichen Prozedur nur minimal abwich, dann machte Ben sie sofort auf ihren Irrtum aufmerksam.

Die Ärzte hatten geschätzt, es würde drei bis fünf Wochen dauern, den *Hickman* auf Bens Nahrungserfordernisse genau einzustellen. Daher wurde fast den ganzen Oktober lang das Krankenhaus für Ben und mich ein zweites Zuhause. In dieser Zeit lernte auch ich, mit dem *Hickman* umzugehen und Ben seine Medikamente zu verabreichen. Und sooft Grant nur konnte, kam auch er nach der Arbeit zu uns, ließ sich ebenfalls anlernen und fuhr dann gegen Mitternacht nach Hause.

Beau und Aber übersiedelten wieder für eine Weile zu meiner Mutter und Ralph. Ben und ich richteten uns, so gut es ging, im Krankenhaus häuslich ein, und Grant kam zu uns, wann immer es seine Arbeit erlaubte. Er brachte meine Nähmaschine mit, die Computer-Videospiele, einen Videorecorder, damit wir uns Filme leihen konnten, und ein Radio. Während Ben hingebungsvoll Michael Jackson zuhörte und neue Armbewegungen für seinen Breakdance übte, machte ich mich an sein Kostüm für Halloween.

Er wollte ein Ninja-Krieger sein. Ninja-Krieger waren in diesem Jahr »in«. Ich wußte nicht viel über diese Herren, außer daß sie Zweiteiler aus schwarzer Seide trugen, die ähnlich wie Karateanzüge aussahen, und als Waffen Wurfsterne aus Metall mit sich führen, die an Kreissägen erinnern. Aber für Ben waren sie mindestens ebenso aufregend wie letztes Jahr die Figuren aus »*Star Wars*«. Er verbrachte Stunden damit, sein Kostüm zu entwerfen. Als er fertig war, überreichte er mir eine Zeichnung sowohl der Vorder- wie auch der Rückenansicht, damit ich es ganz richtig machte und auch die Tasche am Rücken für den Wurfstern nicht vergaß. Er ging sogar eines Tages mit mir ein paar Stunden lang in ein Stoffgeschäft einkaufen, weil er selbst den Stoff aussuchen wollte.

Als ich mit dem Kostüm fertig war, war Ben derart begeistert, daß er es sofort anzog und damit vor den Schwestern paradierte. Und eine von ihnen — sie hieß Betsy — war zweifellos die einzige Krankenschwester in ganz Amerika, die einen echten Ninja-Wurfstern besaß, mit einer echt japanischen Inschrift darauf. Am nächsten Tag brachte sie ihn mit und schenkte ihn Ben. Auf dieses Geschenk war Ben ungeheuer stolz.

Meine Mutter kümmerte sich um die Kostüme für Beau und Aber. Die Tage vergingen, und ich fing bereits an, Weihnachtsgeschenke zu sticken.

Manchmal bekam das Baby in mir beim Nähen einen Schluckauf. Dann ging ich zu Bens Bett und ließ ihn den Schluckauf in meinem Bauch fühlen. Dann lachte er, und dabei fiel mir auf, daß er wieder seine Grübchen bekam.

Er hatte dieses Kind schon gern, bevor es noch auf der Welt war. Manchmal hatte ich das Gefühl, als wollte er es antreiben, in diese Welt herauslocken, damit sie beide mehr

Zeit miteinander verbringen konnten. Er sagte mir, Aber würde sich sicher sehr freuen, jetzt auch ein großer Bruder zu werden; er selbst genoß diese Rolle sehr. Und was wir doch alle für Glück hatten, daß wir das neue Baby rechtzeitig zu Weihnachten bekämen.

Meine Schwangerschaft dauerte jetzt schon fast neun Monate. Meine Knöchel waren die ganze Zeit geschwollen. An meinen Beinen traten gräßliche Krampfadern auf. Bei meinen früheren Schwangerschaften waren mir diese körperlichen Unannehmlichkeiten kaum aufgefallen, sie hatten nichts bedeutet angesichts meiner Vorfreude auf das Kind, das ich bald sehen durfte.

Aber jetzt war es, als hätte Ben die Vorfreude für sich gepachtet. Ich konnte sie in mir nicht finden. Ich hatte mich wahnsinnig gefreut, als ich erfuhr, daß ich schwanger war. Aber das war noch vor Bens Erkrankung gewesen.

Seit damals waren meine Gefühle so beansprucht, daß sie wie überdehnt waren wie ein alter Gummi. Die ursprüngliche Spannkraft ließ sich nicht wiederherstellen. Ich wollte die Vorfreude auf dieses Baby spüren, so wie ich sie bei den anderen drei gespürt hatte. Ich hoffte immer, daß das Gefühl noch kommen würde, aber im Augenblick sah ich nichts anderes vor mir als die Arbeit, die da auf mich zukam. Hin und wieder spürte ich plötzlich eine leichte Aufregung, aber die verging immer gleich wieder.

Diesmal war es einfach anders. Ich weiß noch, wie aufgeregt ich vor Bens Geburt gewesen war. Grants Eltern hatten uns die Wiege geschenkt, die Grant als Baby gehabt hatte. Grant hatte sie wieder instandgesetzt, ich hatte die kleinen Lämmlein am Kopfende nachgemalt. Dann hatte ich für das Baby eine geblümte Steppdecke mit passendem Kopfkissen gemacht. Ich wollte alles ganz perfekt haben.

Auch für Beau und für Aber hatten wir alles genauso vorbereitet. Für Beau hatte ich eine rotweiße Babydecke mit einem großen Teddybären in der Mitte gemacht und für

Aber eine mit Steckenpferden, die zur Tapete des Kinderzimmers paßten.

Als Ben auf die Welt kam, verbrachte ich viele Stunden damit, einfach sein Gesicht zu betrachten, um ihn kennenzulernen und zu verstehen. Und jeden Abend wiegte ich ihn in meinen Armen in den Schlaf. Als Beau und Aber kamen, hatte ich schon mehr zu tun, aber ich vergaß nie, mir auch für sie Zeit zu nehmen, um mit ihren kleinen Persönlichkeiten wirklich vertraut zu werden. Beau, das süße kleine Baby, das immer lächelte und eigentlich kaum weinte. Aber, der kleine Draufgänger, der mit seiner Energie unser Heim von der Stunde seiner Geburt an lebendig machte.

Zeit und Liebe sind die beiden wesentlichen Bausteine für eine gute Beziehung zwischen Mutter und Kind. Ich wußte, daß ich auch dieses neue Baby lieben würde. Ich hatte genug Liebe in mir. Aber wie stand es mit der Zeit?

Woher sollte ich jemals die Zeit nehmen, um auch diesem neuen Baby nahezukommen? Woher die Energie? In den letzten paar Monaten war ich aus der Erschöpfung nicht mehr herausgekommen. Zum Teil war einfach der Schlafmangel daran schuld, das wußte ich. Aber vor allem war ich gefühlsmäßig ausgelaugt, weil ich alle Kraft und alle Zuversicht, die ich besaß, Ben widmen mußte. Jeden einzelnen Tag.

Babys spüren so etwas. Das wußte ich. Würde dieses neue Baby nicht sogleich fühlen, daß seiner Mutter das Herz eines anderen Kindes wegen brach? Und wie würde ich es fertigbringen, für Ben dazusein, gut gelaunt und liebevoll, wenn mich das neue Baby die halbe Nacht nicht schlafen ließ?

Diese düsteren Gedanken, diese Ängste befielen mich in der Nacht im Krankenhaus wie unausgesprochene Bekenntnisse — Gedanken, die ich niemandem anvertraute, denen nachzugehen ich mir selber nicht gestattete.

Wenn wir das Fernsehen abdrehten, sagte Ben seine Gebete. Dann riefen wir Grant an und wünschten ihm gute Nacht. Dann küßte ich Ben und legte mich auf die Couch neben seinem Bett.

Manchmal konnte ich vor Erschöpfung nicht einschlafen. Dann wieder war ich sofort weg, wachte aber dafür mitten in der Nacht auf und konnte dann nicht wieder einschlafen. Dann starrte ich mit weit offenen Augen in das zeitlose, jenseitige gelbe Licht des Notrufknopfes, hörte auf das rhythmische Surren von Bens Pumpe und wartete darauf, daß meine düsteren Gedanken aus den Schatten hervortraten und mich überfielen.

Nacht für Nacht war die Angst da. Nur die Reihenfolge der düsteren Vorstellungen war immer eine andere.

Wenn das Baby nun ein Junge wurde? Und wieder ein Bluter? Ich hatte immer allen gesagt, daß ich es schon schaffen würde. Aber es wurde immer schwieriger, je älter und je aktiver die Jungen wurden.

Sehr wahrscheinlich war es aber nicht, daß es wieder ein Junge würde, oder? Vier Buben hintereinander? Aber doch nicht vier Bluter. Außerdem — das Baby in mir war Chelsea. Das hatte ich mir Monate lang immer wieder vorgesagt. Als ob es ein Mädchen würde, wenn ich nur fest daran glaubte!

Und was konnte ich schon tun, wenn es kein Mädchen wurde? Gar nichts. Nur meinen vierten Sohn lieben. Natürlich würde ich das. Es war ja nicht so, daß ich dieses Kind nicht wollte. Ich konnte mir nur plötzlich nicht mehr vorstellen, wie ich mit allem zurechtkäme. Ich konnte mir nicht mehr vorstellen, woher ich die körperliche und die seelische Kraft nehmen sollte, um die vielen schlaflosen Nächte, die jetzt vor mir lagen, zu bewältigen.

Nachdem ich schon dreimal Mutter geworden war, wußte ich, wie anstrengend die ersten Monate sind. Ich erinnerte mich noch ganz genau an den wunderbaren, manchmal aber auch sehr mühevollen Prozeß, zwei Körper an den gleichen Lebensrhythmus zu gewöhnen. Und ich wußte, was das für mich bedeutete: einerseits fast pausenlose Aufmerksamkeit, andererseits kaum noch Schlaf.

Und das war erst das vierte Kind. Was war mit dem Kind nach diesem, und dann noch dem nächsten ... und wie viele mehr? Wie weit waren wir von unserem Ziel, acht Kinder zu haben, entfernt? Das war ja erst das vierte. Wie sollte ich mit der doppelten Anzahl fertig werden?

Seit Monaten dröhnten mir diese Fragen durch den Kopf. Und je kränker Ben wurde, um so lauter dröhnten die Fragen.

Auf der Couch neben Bens Bett liegend, dachte ich wieder an den Tag, als Grant und ich auf dem Golfplatz von unseren acht Kindern geredet, geträumt hatten.

Aber das war vor der Bluterkrankheit. Und vor Aids. Nicht, daß ich plötzlich keine große Familie mehr gewollt hätte — das wollte ich noch immer. Oder daß es mir an Liebe für acht Kinder gefehlt hätte. Aber ich hatte die Kraft nicht. Jetzt nicht. Nicht mehr.

Schon damals hatte ich Grant gesagt, daß ich es nicht ertragen könnte, ein Kind zu verlieren. Das hatte ich schon immer gewußt. Und daß Ben jetzt krank war, daß mir dieser Verlust jetzt täglich ins Gesicht starrte, das hatte mich innerlich verändert.

Ich war nicht mehr das junge Mädchen, das ich am Golfplatz gewesen war. Ich war jetzt eine erwachsene Frau, noch immer voller Hoffnung; doch den Schmerz kannte ich jetzt nur allzu gut.

Ich mußte mein Leben selbst in die Hand nehmen. Ich, Chris, mußte eine Entscheidung treffen. Ich hatte lange darüber nachgedacht. Das beste für mich wäre eine Operation, damit ich nicht noch einmal schwanger würde.

Ich mußte mit Grant reden. Ich mußte ihm sagen, daß unser Traum aus und vorbei war. Daß Aids uns nicht nur unseren Erstgeborenen raubte, sondern auch Kinder, die noch nicht empfangen waren. Aber ich sah keine andere Möglichkeit.

Und das Ärgste daran war, daß ich zwar jetzt, in diesen bedrückenden Nächten im Krankenhaus, fest überzeugt war, damit die richtige Entscheidung zu treffen — aber würde nicht vielleicht doch eine Zeit kommen, in einem oder in drei oder in sieben Jahren, wo ich das bedauerte? Dann war Ben entweder geheilt — oder nicht mehr da. Und ich würde meinen Traum zurückhaben wollen. Aber dann wäre es zu spät.

Aber eine Stimme ganz tief drinnen in mir sagte mir, daß meine Entscheidung die richtige war.

Grant und ich sprachen darüber eines Abends im *Ronald McDonald House*, als er uns besuchen kam. Es war schon spät. Ich machte mich fertig zum Schlafengehen, und Grant wollte schon fortgehen, um die Nacht auf dem Sofa bei Ben zu verbringen.

»Grant, ich hab' nachgedacht . . .«

»Worüber?«

»Über unsere Familie. Was würdest du sagen, wenn wir keine weiteren Kinder mehr hätten?«

»Aber ich dachte, du wolltest acht.«

»Ja, das wollte ich. Das will ich. Aber ich glaube nicht, daß wir das schaffen. Was meinst du?«

Grant war müde. Unter den Augen hatte er tiefe Ringe. Mir war klar, daß das nicht der Augenblick war, um über eine so wichtige Sache zu reden. Aber es kam jetzt ja gar nie mehr vor, daß wir einmal nicht müde waren. Und in Grants Augen konnte ich denselben Gedanken lesen.

»Ich finde eigentlich, daß wir dafür dankbar sein sollten, wieviel Glück wir bisher mit unseren Jungen hatten«, sagte ich. »Und dieses Glück werden wir auch in der Zukunft brauchen — vor allem wenn sie älter und noch aktiver werden und womöglich noch mehr Blutungen haben.«

»Ich weiß, daß das eine schwere Entscheidung für dich

ist. Wir müssen nicht unbedingt noch mehr Kinder haben, wenn du nicht mehr willst. Ich bin mit allem einverstanden, was du willst.«

Er gab mir einen Gute-Nacht-Kuß und ging. Zehn Jahre lang hatten wir davon geträumt, acht Kinder zu haben. Aber jetzt war der Traum vorbei.

Im Laufe des Oktober erlernten wir den Umgang mit Bens *Hickman*. Sooft er konnte, fuhr Grant nach der Arbeit zu uns, um mitzulernen. Dann fuhr er nach Mitternacht wieder nach Carmel zurück.

Im Krankenhaus schlug man uns vor, Ben bis nach der Geburt des Babys hierzulassen. Das wäre in vieler Hinsicht einfacher gewesen. Aber dadurch bliebe die Familie getrennt, und ich hatte das Gefühl, diesen Zustand nicht länger ertragen zu können. Ich wollte bei der Geburt unbedingt meine ganze Familie um mich haben.

Möglich wurde das mit Hilfe einer Organisation namens *Stanford Home Treatment Services*. Dort sollte eine Schwesterngruppe für die Arbeit mit dem Hickman angelernt werden. Grant und ich konnten Ben am Abend an sein Gerät anschließen. Danach würde jeden Abend gegen zehn Uhr eine der Schwestern kommen und die ganze Nacht bei ihm bleiben. Um sechs Uhr früh würde eine andere Schwester sie ablösen und noch ungefähr zwei Stunden hierbleiben, bis ich Beau und Aber versorgt hatte. Die Schwester würde Ben auch täglich Blut abnehmen, das im Krankenhaus getestet werden mußte, und Ben vom Hickman abhängen. Dann würde ich Ben übernehmen, mich um seine persönlichen Bedürfnisse und Wünsche kümmern und den *Hickman*-Verband wechseln.

Das würde nicht einfach werden. Aber Ben wäre endlich wieder zu Hause. Und unsere Familie wieder beisammen. Nach sechs Monaten ständiger Trennungen wären wieder alle gemeinsam zu Hause.

Als Ben wieder nach Hause kam, waren seine Wangen nicht mehr so hohl, und unter seiner Haut konnte ich nicht mehr die Knochen zählen. Es war fast, als würde die Zeit rückwärts laufen. Ben war zurückgekommen. Der alte Ben. So nannten wir ihn jetzt.

Und mit seinem alten Gewicht war auch wieder sein altes Temperament zurückgekehrt, ironischerweise auch — obwohl er ihn jetzt gar nicht mehr brauchte — sein Appetit.

Am Abend unserer Heimkehr kam er zu mir in die Küche, wo ich gerade Hühnerflügel zubereitete.

»Mmm, das riecht wie bei Oma«, sagte er. »Ich bin hungrig.«

Ich deckte den Tisch für fünf, so wie früher, und Ben aß mit uns. Als wäre es die natürlichste Sache der Welt. Als hätte er sein letztes Abendessen gestern abend mit uns gegessen, nicht vor einem Monat. Er aß nicht viel, aber es blieb unten.

Aber wenn Ben auch jetzt fast wieder wie der alte Ben aussah, so hatte er sich doch innerlich sehr verändert. Seit die Diagnose bekannt war, war er zusehends reifer geworden.

Selbst den Ärzten und den Schwestern war das aufgefallen. Seine Art zu reden und sein Verhalten ganz allgemein waren die eines viel älteren Menschen, gar nicht die eines Sieben- oder Achtjährigen.

Ben beklagte sich nie, wenn er abends an sein Gerät angeschlossen wurde, sondern er entwickelte im Gegenteil ein fast wissenschaftliches Interesse an der ganzen Prozedur.

Auch Beau war auf den *Hickman* neugierig und kam zu uns, als ich mich am ersten Abend damit befaßte.

»Brrr, grauslich«, sagte er.

»Du mußt ja nicht hinschauen«, sagte Ben.

Beau ging fort, setzte sich eine Weile auf das zweite Bett und kam dann wieder zurück.

»Tut's weh?« fragte er Ben.

»Nein. Es juckt ein bißchen, aber dafür geht's mir nachher besser.«

»So gut, daß du wieder draußen spielen kannst wie früher?«

»Klar. Fahren wir morgen Rad?«

»Super! Wirklich, Ben?«

»Claro.«

Es war noch keinen Monat her, seit Ben mich gebeten hatte, sein Rad zu verkaufen. Ich hatte es noch nicht getan. Wahrscheinlich hatte ich es hinausgeschoben in der Hoffnung, daß er doch noch wieder radfahren könnte. Aber jetzt, wo es soweit war, hatte ich Angst um ihn. Wenn er nun stürzte und auf dem *Hickman* landete? Aber ich biß die Zähne zusammen und sagte nichts. Diesen Spaß durfte ich weder Ben noch Beau verderben.

Am nächsten Morgen holten die beiden Jungen ihre Räder aus der Garage, und wir gingen alle hinaus, um ihnen zuzusehen. Ben schob das Rad auf unsicheren Beinen, aber bald saß er auf und fuhr dahin, und Beau dicht hinter ihm her. Grant und Aber und ich feuerten sie von unsrem Vorgarten aus an.

Es war wunderbar, Ben wieder so zu sehen: glücklich, unternehmungslustig, mit denselben Unternehmungen beschäftigt wie früher. Er war zwar immer noch sehr schwach, aber uns kam er fast wieder normal vor. Nie hätte ich eine derartige Besserung für möglich gehalten. Es war fast, als hätte uns der *Hickman* unseren Sohn zurückgegeben.

Am nächsten Freitag fand in der Kirche die Halloween-Party statt.

Aber als Ben am Morgen sein Kostüm probierte, stellten wir ganz überrascht fest, daß er seine Hose aus schwarzer Seide nicht hinaufziehen konnte. Er hatte in einem Monat fast fünfzehn Pfund zugenommen. Nach dem mühevollen Stoffsuchen und Maßnehmen mußte ich jetzt die Hose aufs neue schneidern. Nie zuvor hatte es mich derart gefreut, daß ich etwas noch einmal nähen mußte.

An diesem Tag schrieb Ben die längste aller Eintragungen in sein Tagebuch. Sie lautete:

»Heute ist Halloween, und es ist ein schöner Tag. Ich glaube, es ist jetzt höchste Zeit, daß ich schreibe, was für heute auf der Liste steht: Zuerst gehe ich ins Krankenhaus zum Bluttest, dann gehe ich nach Haus, und meine Mami näht mein Kostüm fertig. Dann schau ich mir die Comics an. Um halb sieben gehn wir zu einer Halloween-Parti und um halb zehn gehn wir wieder heim, dann hängen sie mich an die Maschine, und ich gehe schlafen. Am nächsten Morgen wache ich wieder auf, und hoffentlich lustig und glücklich.«

Darunter zeichnete er ein Irrlicht, ein Gespenst und eine sehr realistische Fledermaus mit einem Aufkleber über dem Gesicht, auf dem stand »Super-Spaß-Tag!«

Voll Stolz half ich an diesem Abend meinen drei Jungen in ihre Kostüme. Beau war ein Roboter. Und Aber war ein Ritter in schimmernder Wehr.

Ben war natürlich der Ninja-Krieger. Er zog zwei T-Shirts übereinander an, damit niemand den Hickman unter seinem Kostüm sehen konnte.

Zum ersten Mal seit vielleicht fünf Monaten war Ben an diesem Abend ganz auf sich allein gestellt. Manchmal stapften ein komischer kleiner Roboter und ein steifer kleiner Ritter mit einem angemaltenn Pappschwert neben ihm her. Ben war wieder der große Bruder geworden.

An diesem Halloween-Tag fragte mich Aber meiner Erinnerung nach zum letzten Mal, ob es Ben denn jetzt besserginge.

Ich wußte, daß es Ben nicht besserging. Sein momentan besseres Befinden war nicht etwa eine Heilung. Auch kein erstes Anzeichen dafür. Die Ärzte hatten uns warnend erklärt, daß der *Hickman* keine Therapie für Aids sei.

Aber warum sollte man andererseits übersehen, was so deutlich ins Auge sprang? Ben ging es besser. Viel besser. Ich hatte schon Sterbende gesehen. Und diese Menschen bewegten sich auf einer Einbahnstraße abwärts, ihr Körper verfiel von Tag zu Tag immer mehr, bis sie schließlich starben.

Aber Ben war an der Schwelle des Todes wieder umgekehrt und zu uns zurückgekommen.

Also begann ich wieder zu hoffen, mir eine Serie von neuen Fragen zu stellen.

War es möglich, daß wir das Ärgste überstanden hatten? Wurde uns vielleicht wirklich das Wunder zuteil, um das wir alle so inbrünstig gebetet hatten? Würde dieses großartige kleine Gerät Ben für immer am Leben erhalten — oder wenigstens so lange, bis die Forscher ein Heilmittel fänden?

War es denn möglich, daß Ben vielleicht doch nicht sterben mußte?

Ich hielt mir immer wieder vor Augen, daß nichts so wichtig war, als Zeit mit Ben zu verbringen. Ich mußte mir immer wieder vorsagen: »Freue dich über jede Stunde mit ihm, genieße ihn, solange du kannst! Aber glaube nicht, daß du ihn behalten kannst!«

Eigentlich hätten wir von zehn Uhr abends bis zehn Uhr morgens eine Krankenschwester haben sollen. Aber manchmal fand sich einfach keine. Dann half Grant aus. Aber er kannte sich mit dem Gerät nicht so gut aus wie ich, und außerdem machte er ja ohnehin schon so viele Überstunden, damit wir die Hypothek abzahlen konnten.

Also blieb es immer wieder mir allein überlassen, den Strom der Nährmittellösung in Bens Körper zu dosieren, ihm ins Badezimmer zu helfen, das Bettzeug zu wechseln, wenn einmal etwas danebenging.

Ich weiß noch, wie ich einmal einfach dasaß, ganz benommen vor Erschöpfung. In weniger als zwei Wochen war das Baby fällig. Wenn ich schon jetzt so müde war, wie würde ich jemals zurechtkommen, wenn mich auch noch ein Neugeborenes alle paar Stunden aus dem Schlaf riß?

Das hätte eine freudige, glückliche Zeit sein sollen. Aber dann war Aids gekommen und hatte uns alle Freude genommen.

Etwa zehn Tage vor meinem Termin fuhr mich Grant für eine Untersuchung zu meinem Gynäkologen. Er war sonst immer zu den Untersuchungen mitgekommen, aber bei dieser Schwangerschaft hatte er nur zweimal dafür Zeit gehabt. Während der Fahrt bat ich ihn plötzlich, am Straßenrand stehenzubleiben.

»Bitte«, sagte ich.

Als er hielt, fühlte ich Zorn und Tränen in mir aufsteigen.

»Ach, Grant, nichts ist so geworden, wie wir's uns vorgestellt hatten. Gar nichts. Haben wir uns unser Leben denn so vorgestellt? Was ist aus unseren Plänen geschehen?«

»Aber Chris, mach dir doch keine Sorgen. Schau, wir fahren jetzt in die Ordination, und bald bekommen wir ein neues wunderbares Baby, und . . .«

Er stellte den Motor ab.

»Alles, was ich jemals wollte, war eine glückliche Familie. Sonst nichts. War das denn zuviel verlangt? Ich wollte sonst gar nichts. Aber jetzt ist alles so kompliziert. Als ich klein war, wünschte ich mir nur, daß meine Eltern beisammenblieben. Aber sie blieben nicht beisammen, sie haben sich scheiden lassen. Dann wünschte ich mir immer eine Schwester, damit ich jemand zum Reden hätte, der wie ich wäre. Aber ich hatte nur drei Brüder . . .«

Ich konnte sehen, daß Grant jetzt wirklich um mich besorgt wurde. Er wollte mich trösten, aber ich wollte gar nicht getröstet werden. Ich wollte nur weinen und mir alles von der Seele reden. Ein für allemal. Und Grant sollte sich das jetzt gefälligst anhören.

»Und dann haben wir geheiratet, und wir wollten immer

acht Kinder haben. Und dann wollte ich ein Mädchen. Zwei Mädchen, damit jedes eine Schwester hätte. Aber bekommen habe ich drei Jungen. Und daß sie alle drei Bluter würden, damit hatten wir nicht gerechnet, oder? Und daß einer von ihnen Aids bekam, das war auch nicht in unseren Plänen, oder?«

»Chris, ich weiß, wie schwer das alles für dich ist«, sagte Grant und streckte über die breite Lücke zwischen den beiden Vordersitzen in unserem Kombi seinen Arm nach mir aus.

»Das glaube ich dir aber nicht!«

Ich wollte ihn nicht verletzen. Aber ich war selbst so tief verletzt.

»Immer hab ich gewußt, daß es nur eine Sache gibt, die ich auf keinen Fall ertragen kann: wenn eines meiner Kinder stirbt. Und jetzt wird Ben sterben. Es ist einfach nicht fair. Und wir bekommen noch ein Kind. Und was für Gefühle erwartet man jetzt von mir? Freude? Das einzige, was ich ganz sicher weiß, ist, daß ich keine Kinder mehr haben will. Es ist mir einfach zuviel!«

»Ich versteh' dich, Chris. Ich bin vollkommen einverstanden.«

»Ja, ja, du hast gesagt, daß du mir die Entscheidung überläßt. Aber das ist mir nicht genug. Du mußt die Entscheidung gemeinsam mit mir treffen!«

»Das will ich gern tun, Chris. Das einzige, was ich wissen will, ist, ob du dir wirklich sicher bist.«

»Nein, ich bin mir nicht sicher!«

Es lag mir unendlich viel daran, daß Grant wirklich begriff, wie schwer mir eine derartige Entscheidung fiel.

»Komm, Chris, mach dir nicht so viele Sorgen! Unsere Buben sind großartig. So furchtbar ist es nicht, wenn wir keine weiteren Kinder mehr haben.«

»Nein? Wenn es nicht so furchtbar ist, warum läßt *du* dich dann nicht operieren?«

Seine Antwort klang gekränkt.

»Ja, sicher, ich hab' nichts dagegen.«

Aber ich wollte Grant gar nicht dazu überreden. Mir war es egal, wer von uns beiden sich operieren ließ. Ich wollte ihm nur unbedingt zu verstehen geben, daß es die schwerste Entscheidung meines ganzen bisherigen Lebens war, daß ein kurzes Gespräch vor dem Zubettgehen nicht reichte, um einen Traum, den man ein ganzes Leben lang geträumt hatte, zu begraben. Ich litt innerlich so sehr unter dieser Entscheidung, daß ich auch Grant leiden sehen wollte, damit er begriff, was ich durchmachte.

Und ich hatte ihn verletzt, das konnte ich ihm an den Augen ansehen. Er verstand mich nicht mehr. Warum griff ich ihn an, wo er doch nichts anderes tat, als mir in allem recht zu geben?

Ich konnte nicht sagen, daß es mir leid täte, denn das stimmte nicht, es tat mir nicht leid. Aber ich konnte ihm zeigen, daß ich ihn liebte, denn ich liebte ihn wirklich. Mehr als alles auf der Welt. Ich beugte mich zu ihm hinüber und legte meinen Arm um ihn und weinte an seiner Brust, und er tröstete mich. Er war der einzige, der wirklich alles gehalten hatte, was ich mir von ihm versprochen hatte, und noch mehr, als ich je geträumt hatte.

Als ich am selben Abend dem Arzt die unterschriebene Vollmacht für die Tubenligatur überreichte, fragte er mich, ob ich mir wirklich ganz sicher wäre. Und ich antwortete: »Ich bin mir völlig sicher.«

Und ich war mir sicher.

Diese Entscheidung bedeutete viel mehr für mich als nur die Tatsache, daß wir nur halb soviel Kinder haben würden wie geplant. Es war auch eine Art Abrechnung. Ein Eingeständnis, daß man, um etwas zu gewinnen, manchmal auch etwas aufgeben mußte.

Was ich jetzt aufgab, war, das erkannte ich ganz deutlich, nicht weniger als ein Teil von mir selbst. Und zwar jener

Teil, der jung und sorglos war und sich immer alles zutraute. Diese Chris konnte ich nie wieder sein. Nie wieder würde ich so sorglos träumen können. Nie wieder überzeugt sein, daß mir alles gelingen würde, auch Vorhaben, die ich gar nicht kannte. Von jetzt an war ich mir auch der Gefahren bewußt, die auf mich warteten, der bösen Dinge, die man mit gutem Willen allein nicht besiegen kann.

Aber diesem Verlust der Unschuld stand auch ein Gewinn gegenüber. Ich nahm mein Leben selbst in die Hand. Vorübergehend hatte ich die Kontrolle über mein Leben verloren, hatte mich von einem Tag zum anderen hin und her treiben lassen, je nachdem, wie es gerade mit Bens Gesundheit stand. Ich wußte, daß mir vielleicht noch Schlimmeres bevorstand. Aber ich hatte mich dafür gewappnet.

Als ich nächsten Tag meine Mutter anrief und sie zu jenem Besuch einlud, den sie mir damals während unserer Übersiedlung angeboten hatte, da war ich nicht mehr das Kind, das seine Mutter um Hilfe bat, sondern die erwachsene Tochter, die es der Großmutter ermöglichen wollte, an der Freude über die Ankunft eines neuen Kindes teilzunehmen.

Jetzt war ich bereit, mich auf das Kind zu freuen. Und niemand konnte mich darin mehr bestärken als meine Mutter. Grant hatte das Gitterbett vom Dachboden geholt und suchte gerade die Schachtel mit den Babysachen, als sie bei uns eintraf.

»Laß die alten Sachen«, sagte sie. »Das Baby braucht etwas Neues. Chris, besorg dir einen Babysitter, wir gehen einkaufen.«

An diesem Tag war alles wie früher. Wie damals, bevor Ben zur Welt kam und als meine Mutter sich so auf ihr erstes Enkelkind freute. Sie führte mich zum Mittagessen in ein kleines Restaurant, das ich gern hatte, und dann in ein Kindergeschäft, das mir und Grant viel zu teuer gewesen wäre. Und da ich diesmal keine Zeit hatte, um eine neue

Steppdecke zu machen, suchten wir uns als allererstes eine wunderschöne Babydecke aus.

Weniger als eine Woche später kamen die ersten Wehen. Ich rief Mutter und Ralph an, und sie versprachen, noch am selben Abend Beau und Aber abzuholen. Dann rief ich den Schwesterndienst an. Ich hatte den Schwestern schon vorher angekündigt, daß wir, sobald die Wehen anfingen, drei Tage lang ununterbrochen ihre Hilfe in Anspruch nehmen müßten.

Aber am späten Nachmittag war noch immer keine Schwester da. Grant rief noch einmal an und erfuhr, daß die Schwester schon unterwegs war. Aber erst um sieben Uhr abends kam sie bei uns an.

Als sie bei der Tür hereinkam, krampfte sich mein Magen zusammen. Das war eine Person, die wir überhaupt nicht kannten. Keine von unseren vertrauten Schwestern, weder Heather noch Nancy, sondern eine Frau, die nur bei der Einführung für den *Hickman* einmal dabeigewesen war. Aber sie hatte Ben dann nicht mehr gesehen, kein einziges Mal. Sie war ihm vollkommen fremd.

Ich schloß Ben für die Nacht an sein Gerät an, gab ihr zwischen den Wehen genaue Anweisungen und bat sie inständig, die Anleitungen, die ich an die Schrankwand geheftet hatte, genauestens zu befolgen.

Dann schlug ich Ben in seine Decke ein und gab ihm seinen Gute-Nacht-Kuß.

»Halt die Ohren steif, Mami«, sagte er. »Hoffentlich wird's ein Junge!«

Diese Geburt war völlig anders als die anderen drei. Früher hatten Grant und ich gemeinsam die Lamaze-Technik für eine sanfte Geburt erarbeitet und die Atemtechnik geübt, die mich durch die ärgsten Wehen tragen sollte. Und das war auch jedes Mal gutgegangen. Trotz der Schmerzen war ich ganz klar und zuversichtlich geblieben. Bis jetzt hatte ich bei keiner Geburt irgendwelche schmerzstillenden Medikamente gebraucht.

Aber jetzt waren die Wehen von Anfang an viel stärker als je zuvor. Die Atemtechnik war mir plötzlich einfach entfallen, dafür fielen die Wehen über mich her. Irgendwie fühlte sich alles ganz falsch an. Ich war nervös und unsicher und konnte mich einfach nicht konzentrieren. Statt an das Baby dachte ich immer nur an Ben.

»Grant, ... ich kann nicht denken ... Womöglich stellt die Schwester den Zufluß der Lösung für Ben nicht richtig ein?« fragte ich ihn zwischen den Wehen. »Sie haben doch gesagt, Ben könnte ... einen Herzanfall bekommen, wenn das nicht stimmt.«

»Sie kennt sich schon aus. Mach dir keine Sorgen. Stell dir nur vor, daß es jetzt nichts auf der Welt gibt außer dir und mir und dem Baby. Nur uns. Konzentriere dich auf unser Baby. Wir bekommen ein Kind. Stell dir das vor! Ein neues Kind.«

Er bot mir Eisstückchen an.

»Grant, ich kann mich nicht konzentrieren. Ich weiß nicht mehr, wie es geht.«

Ich spürte schon die nächste Wehe kommen.

Grant nahm mich fest an den Händen.

»Schau mich an, mein Schatz. Du kannst das. Du hast es schon dreimal fertiggebracht, du wirst es auch jetzt fertigbringen. Und wenn du es nicht mehr aushältst, dann bekommst du etwas gegen die Schmerzen. Also hab keine Angst. Atme mit mir. Schau mich an. So ... Ja, so ist es gut. Atmen! Ein, aus. Atmen!«

Ich schaute in sein Gesicht und atmete mit ihm, dankbar, daß ich nicht denken mußte.

Ohne Grant hätte ich die drei ersten Geburten nie ohne Schmerzmittel durchgestanden. Auch jetzt spürte ich seine innere Kraft. Er ist der beste, liebevollste Ehemann, den ich mir vorstellen kann. Jemand, auf den ich mich immer verlassen kann, wenn ich ihn brauche. Immer, ganz ohne Ausnahme.

»Ich ... ich liebe dich, Grant«, sagte ich zu ihm, als ich wieder sprechen konnte.

»Ich weiß.«

Die Wehen verstärkten sich, der Schmerz wurde immer ärger. Ich konnte an gar nichts mehr denken. Nicht an das Baby, nicht an Ben, nicht an Grant, der mir helfen wollte, richtig zu atmen. Ich war nie wehleidig gewesen, aber jetzt konnte ich einfach nicht mehr. Ich war körperlich und emotional ausgelaugt.

Also gab ich auf und bat um ein Schmerzmittel.

Aber selbst danach verschwanden die Schmerzen nicht.

Gegen drei Uhr früh spürte ich endlich den Drang, das Baby herauszupressen. Der Rausch der Geburt erfaßte mich, ich konnte ihn deutlich spüren. Das Baby war auf dem Weg ins Licht der Welt.

Und ich wollte es. Ich wollte das Kind. Ich konnte es nicht erwarten, mein Kind zu sehen. Grant und der Arzt und die Schwestern feuerten mich an. Jetzt kam das Baby.

Ich spürte, wie sein Kopf aus mir heraustrat.

»Chris, es hat einen ganzen Schopf Haare«, sagte Grant. »Ich glaube, wir bekommen, was wir wollen. Es ist ein Mädchen!«

Ich spürte, wie das ganze Kind herauskam, und der Arzt drehte es um.

»Nein, wartet«, sagte er, »es ist ein Junge! Ein fester kleiner Junge!«

Ich vergaß die Schmerzen und ließ die Tränen strömen, aber ich weinte vor Glück. Ob es ein Junge war oder ein Mädchen, war mir jetzt ganz gleich. Hatte ich mir wirklich ein Mädchen gewünscht? Oder nicht doch diesen wunderbaren kleinen Jungen? Ich wollte mein Baby. Und dieses Baby zu bekommen, das war genauso herrlich wie die Geburt von Ben und Beau und Aber.

Ich hatte also doch noch diese Liebe in mir. Sie war nur versperrt gewesen, irgendwo außer Reichweite verschlossen.

Wir nannten unseren vierten Sohn Daniel Kimball Oyler. Er wog etwa acht Pfund. Sein Geburtstag ist der 6. November 1985.

Am Nachmittag schaute Dr. Penn vorbei, um seinen neuesten kleinen Oyler-Patienten zu begrüßen.

Strahlend kam er ins Zimmer.

»Ich hab' gerade die Testergebnisse bekommen«, sagte er. »Das Baby ist in jeder Hinsicht vollkommen gesund, ein ganz normaler kleiner Junge — keine Hämophilie.«

Mir fiel ein riesengroßer Stein vom Herzen. Und auch Grant wirkte mit dem Baby im Arm unendlich glücklich.

Ben hatte seinen kleinen Bruder bekommen.

Und wir hatten unser erstes Wunder ...

VI

»Ich will nach Hause«

Als wir Danny aus der Klinik nach Hause brachten, war es, als hätte jemand ein großes Fenster aufgemacht und frische Luft hereingelassen. Frische Luft, die alle die Sorgen fortzublasen schien, die die langen Monate vor seiner Geburt erfüllt hatten.

Sobald wir das Haus betraten, kamen die Jungen herbeigerannt, um ihn zu sehen. Kaum konnten sie sich in ihrer Aufregung beherrschen, während sie, einer nach dem anderen, vorsichtig den Inhalt der frischen, weißen, blaugesäumten Decke beäugten. Jawohl, *blau*gesäumt. Es war die Decke, die meine Mutter und ich gekauft hatten, an dem Tag, an dem sie mit mir fürs Baby einkaufen gegangen war. Und so sehr ich auch an ein kleines Mädchen gedacht und dafür vorgesorgt hatte, hatte ich doch eine weiße Decke mit blauem Saum gekauft.

Ich hatte mir über die Farbe gar keine Gedanken gemacht. Ich hatte einfach Blau gekauft, als ob alle Oyler-Babies Jungen sein müßten.

Und Ben hatte den kleinen Bruder, den er wollte.

»Darf ich ihn halten, Mami? Darf ich?« fragte Ben.

»Natürlich darfst du. Setz dich aufs Sofa.«

Ben setzte sich hin, und Beau und Aber ließen sich gleich neben ihn fallen, um auch ja selbst an die Reihe zu kommen.

Ich schlug die Decke auf und legte Danny in Bens Arme. Ben lächelte voll Stolz, als Danny mit seinen kleinen Fingern Bens Daumen umklammerte.

»Er ist so klein«, sagte Ben, beinahe flüsternd. »Sieh dir seine winzigen Finger an!«

Ich stand einfach da und starrte sie an. Dannys strahlende, kleine, runde Augen erinnerten mich so sehr an Ben, als er noch ein Baby war.

Da war dieses wunderbar lebendige kleine Wesen. Was war es doch für ein Geschenk! Für mich. Für die ganze Familie. Aber ganz besonders für Ben. Von all den Positionen auf Bens Liste von »Dingen, auf die ich mich freue«, die wir vor so vielen Monaten zusammengestellt hatten, war es dies, was ihm immer am wichtigsten gewesen war.

»Und er wird wirklich nie eine Spritze bekommen müssen?«, fragte Beau.

»Keinen Faktor«, antwortete ich. »Andere Spritzen schon. Aber keinen *Faktor VIII*.«

Beau war von der bloßen Vorstellung erstaunt.

»Jetzt bin ich dran, ihn zu halten«, sagte Aber.

»Ich bin noch nicht fertig«, sagte Ben.

»Du mußt teilen«, versuchte Aber zu verhandeln.

Bei drei kleinen Buben, die ständig um Spielzeug stritten, hatte ich das Wort »teilen« recht oft verwenden müssen. Und noch bevor er zur Schule ging, hatte Aber schnell gelernt, daß Fairneß ein gutes Argument war.

Für Aber bedeutete Danny etwas Besonderes, von jetzt an würde er nie mehr das Baby sein müssen.

Aber lange nachdem die Faszination des Neuen bei Beau und Aber bereits abgeklungen war, liebte es Ben weiterhin, Danny zu halten. Die beiden schienen eine eigene, besondere Beziehung zueinander zu haben.

Danny brachte große Freude in mein Leben. Freude, die irgendwie das Leid auslöschte, das ich selbst nicht hatte bekämpfen können.

Wir waren von Anfang an und vollkommen miteinander verbunden. Wenn ich ihn in meinen Armen hielt, war ich wieder eine neue Mutter. Er brauchte mich wie ich ihn, und unsere gegenseitige Abhängigkeit war lebensspendend. Er erweckte in mir ein Aufwallen warmer, rückhaltloser Liebe, die ich schon fast vergessen hatte.

Seine vollkommene Gesundheit war meine Garantie dafür, daß er leben, daß er gesund und stark heranwachsen würde.

Er war mir ein Pfand, daß die Zukunft kommen und daß sie gut sein würde.

Die ersten Wochen waren die reinste Glückseligkeit. Nach meinem Aufenthalt in der Klinik fühlte ich mich zum ersten Mal seit Monaten wieder ausgeruht. Grant nahm sich frei von der Arbeit. Er kochte und kümmerte sich um die Jungen, während ich Danny versorgte.

Und Ben ging es gut.

Es gab Tage, an denen er aufwachte und sich wie in alten Zeiten fühlte. »Ich mach' das schon selber, Mami«, sagte er dann mit einer Spur von Ungeduld, wenn ich versuchte, ihm beim Anziehen zu helfen.

Es gab so vieles, das wir schon aufgegeben hatten als etwas, das Ben nie wieder würde tun können — wozu er aber jetzt plötzlich, dank dem *Hickman*, doch wieder imstande war. Zum Beispiel zum Spielplatz zu gehen und dort auf den Geräten zu turnen. Seit dem Tag, an dem ich Ben von Jessica erzählt hatte, waren wir nicht mehr dort gewesen. Jetzt wollte er hin.

Als wir nach Hause kamen, schrieb er in sein Tagebuch: »Ich habe auf jedem Gerät geturnt — zweimal.«

Ben bot sich auch an, verschiedene Arbeiten im Haus zu machen, denn er wollte Geld verdienen, um zu Oscar Hossenfellder's zu fahren. Er half Grant sogar, einen Parkettboden zu verlegen. Und als Aber sagte, daß er an seinem vierten Geburtstag Minigolf spielen wollte, konnte Ben es kaum erwarten.

Das Leben kam mir wieder normal vor. Und das gab mir sehr viel Mut.

Seltsamerweise fand ich es viel schwieriger, auf Bens Fragen nach seiner Krankheit zu antworten, wenn er sich gut fühlte, als wenn es ihm schlechter ging.

»Wann wird es mir wieder bessergehen?« fragte Ben eines Nachts, als ich ihn an die Maschine anschloß.

»Das wissen wir nicht, Ben. Ich wollte, wir wüßten's. Wie du ja selbst weißt, ist Aids eine ernste Sache, und die Ärzte tun ihr Bestes, um dir zu helfen. Aber wir müssen noch warten, ob sie nicht irgendein neues Medikament entwickeln, das wirklich hilft.«

›Und wir werden ganz, ganz fest beten müssen, daß es dir wieder bessergehen möge‹, dachte ich.

»Mami, möchte der Vater im Himmel, daß es mir bessergeht?« fragte Ben.

Was sollte ich Ben darauf antworten? Ich kannte doch selbst Gottes Willen nicht. Ich konnte Ben nicht so einfach sagen, daß ich nicht wußte, ob er leben oder sterben würde. Ben wußte, daß Menschen an Aids starben. Meine Aufgabe war es, ihm jeden Tag ein bißchen Hoffnung zu geben.

»Der Vater im Himmel liebt dich sehr, Benny, und ich bin sicher, er will, daß es dir wieder bessergeht. Aber wir können seine Gedanken nicht immer erkennen. Manchmal müssen wir einfach warten und ihm vertrauen, daß alles gut wird.«

Bens verhältnismäßig guter Gesundheitszustand war auch für Beau und Aber verwirrend. Sie wußten nie ganz genau, wie sie von einem Tag auf den nächsten mit ihm umgehen sollten. Eines Tages kam Beau hereingelaufen, um »*GI Joe*« im Fernsehen anzuschauen. Im Wohnzimmer fand er Ben vor, der sich gerade »*Transformers*« ansah.

»Jetzt komm' ich dran«, kündigte Beau an.

»Ich war zuerst da«, sagte Ben.

»Ja, aber du sitzt schon den ganzen Tag da«, erwiderte Beau. »Laß auch einmal jemand anderen ran!«

»Ich warte schon den ganzen Tag auf ›*Transformers*‹. Du kannst ja hinausgehen und mit deinen Freunden spielen. Ich nicht.«

Das nahm Beau den Wind aus den Segeln. Wenn Ben

krank war, dann wollte er ihn nicht verletzen. Er wußte, daß hier irgendwie besondere Regeln galten. Aber Ben schien es jetzt sehr viel besser zu gehen, und so wußte Beau nicht, was er tun sollte.

»Mami!« rief Beau um Hilfe.

Ich kam aus der Küche, um den Streit zu schlichten, und entschied, daß jetzt Beau an der Reihe war. Während Bens Krankheit war es ein täglicher Kampf, Bens Wünsche zu erfüllen, ohne ihn vor den anderen Jungen allzusehr zu bevorzugen. Es tat mir weh, sie streiten zu sehen, da ich wußte, wie kostbar die Zeit war, die sie zusammen verbrachten. Wie kostbar und wie begrenzt.

»Als euer Onkel Randy und ich noch klein waren, stritten wir uns die ganze Zeit«, erzählte ich ihnen. »Und dann wurden wir plötzlich erwachsen und sahen uns nicht mehr. Und wir vermißten einander. Es ist also wichtig, daß ihr den anderen zeigt, wie sehr ihr sie liebt, wann immer ihr Gelegenheit dazu habt.«

Ben tat mir manchmal so leid. Nicht nur, daß er krank war, ihm war auch langweilig. Er vermißte die Schule. Und den Sport. Und Breakdance. Und noch so vieles andere, das er geliebt hatte.

Die Hauslehrerin konnte gleich am ersten Tag, an dem sie in unser Haus kam, Ben für sich gewinnen, indem sie einen Sack voll von dem, was Ben »hölzerne Knoten« nannte, mitbrachte. Es waren Blumenzwiebeln, Narzissen- und Tulpenknollen. Und Ben war fasziniert. Er hatte noch nie Knollen gesehen, und er konnte sich nicht vorstellen, daß tatsächlich etwas Schönes aus diesen häßlichen kleinen Knoten entstehen konnte.

Ich sah den beiden zu, wie sie im Garten hinter dem Haus die Knollen eingruben. Ben unterhielt sich dabei blendend. Aber ich fragte mich, warum sie ausgerechnet Blumenzwiebeln ausgesucht hatte. Die brauchen so lange, bis etwas Blühendes daraus wird. Wäre es nicht leichter gewesen, einfach Samen oder kleine Pflanzen zu setzen? So sehr ich den Gedanken haßte, ich hatte Angst, Ben würde nicht lange genug leben, um die Blüten zu sehen.

Jeden Tag ging er hinaus, um nach den Pflanzen zu sehen, und wartete auf ein erstes Sprießen. Mit diesen Knollen hatte die Hauslehrerin Ben etwas wirklich Besonderes gegeben. Ein wiedererwachtes Interesse an Leben und Wachstum.

Aber kein Erwachsener, kein Bruder und keine Eltern konnten Ben darüber hinwegtrösten, daß er keine gleichaltrigen Freunde hatte, mit denen er spielen konnte. Einige kleine Jungen aus der Nachbarschaft kamen zwar manchmal zu uns auf Besuch, aber sobald Ben zu husten oder sich zu übergeben begann, liefen sie davon und ließen Ben stehen.

Eines Tages trafen wir einige von Bens alten Freunden auf dem Fußballplatz, wo Beau gerade spielte.

»Warum gehst du nicht rüber zu ihnen und sagst hallo?«, schlug ich Ben vor.

»Ich will nicht«, sagte Ben. »Und außerdem werden sie sich nicht mehr an mich erinnern können.«

»Sag einfach: ›Hallo, ich bin Ben Oyler, kennt ihr mich noch?‹«

Er brauchte ein wenig Ermutigung, aber schließlich ging er doch hinüber. Die Jungen waren Klassenkameraden von ihm aus seiner alten Schule, aber sie erkannten ihn nicht.

»Du bist Ben Oyler?« fragte ein Junge ungläubig.

»Ja, bin ich«, sagte Ben. »Ich war einfach krank. Sonst nichts. Könnt ihr euch noch an den Jungen erinnern, der Aids hatte? Das bin ich.«

Einer der Jungen wich sofort zurück, und ich konnte Bens verletzten Gesichtsausdruck sehen. Ich stand schnell auf und ging mit Danny zu ihnen.

Ich fragte die Jungen, ob sie wüßten, was Aids ist. Und der, der zurückgewichen war, sagte, er wüßte, daß man sich damit anstecken könnte. Ganz leicht. Und daran sterben könnte man auch. Also unterhielt ich mich mit ihnen einige Minuten lang darüber und erklärte ihnen, daß es nur wenige Ansteckungsmöglichkeiten gibt, keine davon beim Spielen. Es sei nicht etwas, womit man sich wie mit einer Erkältung anstecken könnte. Sogar seine Brüder und seine Eltern, die doch die ganze Zeit bei Ben sind, wurden nicht angesteckt.

Es gibt Augenblicke im Leben, die sich wie durch Zauberkraft ereignen, und dieser war einer davon. Ich sah zu, wie der kleine Junge, der sich am meisten gefürchtet hatte, etwas für Ben tat, das mir, trotz all meiner Liebe zu ihm, nie eingefallen wäre. Er gab ihm ein Stück Papier und zeigte ihm, wie man daraus einen Wurfstern machte.

Bens Augen leuchteten auf. Er war von dem gefalteten Papier sofort fasziniert. Ben hatte mir geholfen, Dutzende von Grußkarten zum Valentinstag zu machen, hatte geduldig aus Papier Verzierungen ausgeschnitten, die ich dann auf rotes Buntpapier geklebt hatte. Aber das hier war etwas anderes. Das war ein Spiel. Und es war heilsam für Bens Seele. Das konnte ich sehen. Ich stahl mich leise davon, sobald ich Ben mit den Jungen über Ninja-Krieger fachsimpeln hörte: »Ich habe einen echten Wurfstern zu Hause!«

Eine ganze Stunde lang bastelten Ben und die Jungen Wurfsterne. Ben schrieb sich die Telephonnummer eines der Jungen auf, aber ich wußte, daß sich, waren sie erst einmal zu Hause angelangt, der Wille ihrer Eltern durchsetzen würde. Und daß man ihnen wahrscheinlich nie wieder erlauben würde, mit dem kleinen Jungen, der Aids hatte, zu spielen.

Ben mit anderen Jungen spielen zu sehen, tat mir gut, aber ihn neben gesunden Jungen seines Alters zu sehen, das tat mir andererseits auch sehr weh. Die anderen Jungen waren jetzt einen Kopf größer als er. Ben hatte zu wachsen aufgehört. Neben ihnen sah er noch immer aus wie ein Siebenjähriger. Ein Siebenjähriger mit einem aufgedunsenen kleinen Gesicht. Ben hatte zugenommen, aber es wirkte an ihm unnatürlich. Es war kein Wunder, daß sie ihn nicht erkannt hatten. Er war nicht der Ben Oyler, an den sie sich erinnerten. Nicht der alte Ben.

Im Laufe des Herbstes begann Bens Gesundheit sich langsam zu verschlechtern. Sein Husten wurde dumpfer, hohler. Und seine Magenkrämpfe kamen wieder.

Er schien auch ein wenig zu taumeln, und ich begann zu fürchten, daß Aids jetzt sein Gehirn angriff. War denn nichts vor dieser fürchterlichen Krankheit sicher? Wir brachten Ben ins Krankenhaus, wo man einen Tag lang Aufnahmen von seinem Gehirn machte. Aber die Ärzte konnten keine Störung finden. Bei Aids, sagten sie, könne manches »ohne ersichtlichen Grund« geschehen.

Unsere Rechnungen stiegen, und Grant mußte sein Arbeitspensum erfüllen. Die Erschöpfung, die ich noch aus der Zeit vor Dannys Geburt so gut kannte, machte sich wieder bemerkbar.

Manchmal, wenn mich Bens Krankheit zu sehr deprimierte oder ich mich den Aufgaben des Tages einfach nicht gewachsen fühlte, ging ich in mein Zimmer und schloß die Türe. Dann setzte ich mich mit Danny in meinen Schaukelstuhl und wiegte ihn einfach hin und her, weil ich die Wärme seines kleinen Körpers an meinem spüren wollte.

Ich wollte die Welt aussperren und nur diesem kleinen Baby eine Mutter sein. Zum ersten Mal fühlte ich, daß ich mich aus unserem Familienkreis zurückzog — nur für einige wenige kostbare Augenblicke. Nicht, daß ich jetzt meinen Mann und meine Kinder nicht ebenso liebte, wie ich es immer schon getan hatte. Aber ich wollte dem, was mir bevorstand, nicht ins Gesicht sehen.

Ich mußte immer wieder an Jessica denken, die in ein Koma versunken war, bevor sie starb. Konnte das Ben passieren? Konnte er von uns gehen, ohne daß wir je die Möglichkeit hätten, uns mit ihm zusammenzusetzen und ihn wirklich vorzubereiten auf das Leben, das ihn unserem Glauben zufolge nach diesem irdischen Dasein erwartete? Konnte uns die Zeit ausgehen, noch während wir versuchten, die Hoffnung für Ben am Leben zu erhalten?

Grant und ich beschlossen, die Jungen zu einem Familienabend zusammenzurufen. Wir rollten Bens transportable Pumpen ins Wohnzimmer. Wir begannen mit einem Lieblingslied und sagten dann ein Gebet. Ich hielt Danny in meinen Armen, und Beau und Aber ließen sich langsam nieder, während Grant mit seiner Erklärung begann.

»Ihr wißt doch, wie dankbar wir sind, daß wir Danny haben, und wie froh, daß er jetzt zur Familie gehört«, sagte er.

»Jawohl!« sagten alle drei auf einmal.

»Also, unterhalten wir uns doch einmal darüber, wie das war, bevor Danny zur Welt kam«, fuhr Grant fort. Die Jungen wandten keinen Blick von ihm.

»Seht ihr, bevor Danny geboren wurde, war er ein Geist... ein bißchen wie eure Hand.« Grant hob seine Hand und ließ die Finger wackeln. »Und als er dann geboren wurde...«, Grant zog einen Handschuh aus der Hosentasche und schlüpfte mit der Hand hinein, »... als er dann geboren wurde, bekam sein Geist einen Körper... wie diesen Handschuh.«

Wieder wackelte er mit den Fingern im Handschuh. »Dieser Geist ist es, der seinem Körper Leben gibt, genauso wie meine Hand diesem Handschuh Leben gibt. Versteht ihr?«

Die Jungen waren fasziniert. Keiner von ihnen gab einen Laut von sich. Grant hielt inne und beobachtete ihre Gesichter, um sicher zu sein, daß sie ihn auch wirklich verstanden hatten.

»Und wenn man stirbt«, setzte er fort, »dann ist es, als ob der Geist einfach wieder herausschlüpfen würde. »Er zog den Handschuh aus und legte ihn auf den Tisch vor den Jungen. Sie starrten den leblosen Gegenstand an.

»Aber der Geist lebt weiter«, sagte er und wackelte wieder mit den Fingern an seiner Hand. »Seht ihr, unsere Körper können zwar sterben, aber unser Geist nie. Unser Geist lebt ewig.«

»Ich will aber nicht sterben«, sagte Beau.

»Niemand möchte wirklich sterben«, sagte Grant. »Uns gefällt es hier. Das ist gut. Die Welt ist großartig. Aber vor dem Sterben braucht man auch keine Angst zu haben. Wir werden alle geboren, und früher oder später sterben wir auch alle.«

»Das ist einfach der Kreislauf des Lebens, Beau«, sagte ich. »Jedes Lebewesen wird geboren, und jedes Lebewesen stirbt. Jeder Mensch. Jedes Tier. Jede Pflanze. Es ist alles ein Teil von Gottes Plan. Du brauchst keine Angst davor zu haben, Beau, denn Sterben ist einfach ein Teil des Lebens. Wenn man gestorben ist, geht man einfach in eine andere Art von Leben im Himmel ein.«

Ben war still.

Ich erinnere mich, daß ich mich fragte, woran er denn jetzt wohl dachte, ob er wußte, daß diese Erklärung für ihn bestimmt war.

Bis Weihnachten waren es nur mehr wenige Wochen. Das war mir immer die liebste Jahreszeit gewesen. Eine Zeit zu lieben, eine Zeit, die Hände nach anderen auszustrecken.

Eines Morgens setzte ich mich mit Ben hin, um eine Liste zu machen — diesmal eine Liste von all dem, was wir für andere Leute tun wollten. Geschenke, die wir machen und abgeben, Leute, die wir besuchen konnten. Hausgemachte Eiscreme für Dr. Penn. Ein Kranz für die Haustüre der Rasbands. Und einige Geschenke, die wir basteln und unbemerkt als Überraschung hinterlassen wollten. Aber ich wußte gar nicht, ob Ben dafür kräftig genug war. Ich wußte nicht einmal, ob ich selbst dafür kräftig genug war. Und ich wußte nicht, woher ich die Zeit nehmen sollte.

Ich hatte immer geglaubt, daß die Mutter es ist, von der die weihnachtliche Stimmung ausgeht. Aber was für eine Stimmung sollte heuer von mir ausgehen? Wie sollte ich lebenslustig und warmherzig sein, wenn ich schon sah, wie Bens Leiden zurückkehrte? Ich war nicht einmal sicher, ob wir zu Weihnachten zu Hause oder nicht doch wieder im Krankenhaus sein würden.

Wir stellten wieder die kleine Winterszene auf, die seit meiner frühesten Kindheit jedes Jahr auf dem Familienklavier aufgestellt wurde. Und wir fügten noch einen kleinen elektrischen Zug hinzu, der um die Miniaturstadt aus kleinen Pappkartonhäusern herumfuhr, wie ich sie noch aus meiner Kindheit kannte.

Ich machte Plätzchen. Ich bastelte Weihnachtsschmuck und einen Kranz. Ben half mir, unsere kleinen Geschenke abzuliefern.

Zum ersten Mal seit unserer Hochzeit hatten Grant und ich nun das große Glasfenster, das ich mir schon immer gewünscht hatte, um davor den Weihnachtsbaum aufzustellen. Das war einer der Gründe, die mich so sehr für dieses Haus eingenommen hatten. Jetzt aber, trotz des großen Baumes, der abends im Fenster glitzerte, sehnte ich mich nach früheren Weihnachten zurück, als wir nur einen kleinen Baum in einer Ecke unseres Reihenhauses gerade noch unterbringen konnten.

Eine von Bens liebsten Krankenpflegerinnen, Heather, lud Ben zu Oscar Hossenfellder's ein, um dort gemeinsam Fruchteisbecher mit heißer Soße und eine Karussellfahrt zu genießen. Was Ben aber am meisten begeisterte, war ihr Geschenk: ein Paar Breakdance-Handschuhe. Er trug sie jeden Tag.

Langsam fühlte ich mich wie bei der Fahrt auf einer Achterbahn. Nach dem Einsetzen des *Hickman* waren wir ganz nach oben gefahren, und nun stürzten wir wieder in die Tiefe. Ich hoffte nur, daß Ben durchhalten würde.

Am Abend vor Weihnachten rannte er gegen einen Türpfosten und verlor dabei fast das Bewußtsein. Ich rief im Krankenhaus an, aber ich wußte, daß man mir dort nicht helfen konnte. Man hatte alle Tests gemacht und dabei keine Ursache für seine neurologischen Probleme gefunden.

An diesem Abend setzte ich mich schweren Herzens hin und schrieb in mein Tagebuch: »Ich habe Angst, daß Ben bald stirbt. Jeden Tag bete ich darum, daß ein Heilmittel gegen Aids gefunden wird.«

Als ich Ben fragte, was er sich denn zu Weihnachten wünsche, war mir seine Antwort eine völlige Überraschung. Geigenunterricht! Dabei hatte er von einer Geige noch nie etwas erwähnt. Und ich glaubte nicht, daß er die Kraft hatte, eine Geige zu halten, und noch viel weniger, darauf zu spielen. Aber wenn er sich Geigenunterricht wünschte, dann wollte ich alles in meiner Macht Stehende tun, ihm diesen auch zu ermöglichen.

Einen Tag vor Weihnachten gingen wir eine Geige kaufen und fanden eine kleine, alte Geige in einem Antiquitätenladen in der Cannery Row. Dann machte ich mich auf die Suche nach einem Lehrer, damit er gleich nach den Ferien beginnen konnte. Die erste Lehrerin wies mich ab, sie sagte, sie wollte das erst noch mit ihrem Arzt besprechen. Wenn sie wirklich dachte, sie könnte sich beim Geigenunterricht mit Aids anstecken, dann war sie nicht die geeignete Lehrerin für Ben.

Nach mehreren Telephonaten fand ich endlich die ideale Lehrerin, eine ältere Frau, die das Instrument liebte und sowohl das nötige Verständnis als auch die erforderliche Strenge aufbringen würde.

Es war Ben und mir wichtig, daß sie ihn so normal wie möglich behandelte. So wurden die Geigenstunden das nächste, auf das er sich freuen durfte.

Diese Weihnachten kauften wir nur wenig Spielzeug. Irgendwie schien es uns nicht mehr so wichtig. Am Heiligen Abend lasen wir aus der Bibel die Botschaft von der Geburt des Christkindes. Und Weihnachtslieder sangen wir am Heiligen Abend auch. Aber sie erweckten in meinem Herz nicht mehr dieselben Gefühle wie früher.

Wie immer machten wir unsere Geschenke am Morgen des Christtages auf. Aber während sich Beau und Aber wild durch Papier und Kartons wühlten, saß Ben still da und sah seinen Brüdern zu.

Schließlich stand Ben auf, gab jedem von uns ein kleines, selbsteingewickeltes Päckchen und sah uns zu, als wir sie aufmachten. Es waren kleine Keramikfiguren, die er bei den Pfadfindern gemacht hatte. Ein Bär für Beau, ein Hund für Aber, ein rotes Herz, auf dem »Ich liebe Dich, Mami« stand, für mich. Und für Grant gab es etwas Besonderes, eine Statue aus Ton, die Ben im Krankenhaus gemacht hatte, eine bemerkenswerte Darstellung von Abraham Lincoln, ein Buch lesend, komplett mit Bart und Hut und allem Drum und Dran.

Diese kleinen Geschenke, mit soviel Liebe und Sorgfalt gemacht, bedeuteten die Welt für uns. Was sie auch jetzt noch tun. Ich glaube, wir schätzten sie um so mehr, als wir wußten, wieviel Liebe und Kraft Ben in ihre Herstellung gesteckt hatte.

Als ich mich an jenem Morgen in meinem chaotischen Wohnzimmer umsah, dachte ich, wie glücklich ich war, eine Mutter zu sein. Jeder der Jungen war anders, war etwas Besonderes. Ben, der kreative kleine Junge, der in seinem Durchhaltevermögen seinem Alter weit voraus war. Beau, der tiefsinnige Stille mit den schillernden blauen Augen. Und Aber, der irgendwie im Laufe des letzten Jahres — geradezu hinter meinem Rücken — aufgehört hatte, ein Kleinkind zu sein.

Und Danny — Danny hatte mir meinen Glauben an das

Leben selbst wiedergegeben. Ich glaube, Gott wollte mir durch ihn sagen: »Ja, du kannst es, du kannst eine Mutter sein. Für Danny, für Aber, für Beau. Ja, auch für Ben.« Fast konnte ich eine Stimme in meinem Inneren hören, die mich tröstete: »Warum, glaubst du, habe ich dir Ben gegeben?«

Und dann erinnerte ich mich an den Heiligen Geist. Ich hatte schon fast vergessen, daß er ja nicht nur für Kinder da war.

Ben lernte noch ein Lied auf seiner Geige spielen, »*Hot Cross Buns*«, bevor wir ihn wieder ins Krankenhaus bringen mußten. Der *Hickman* hatte ihm vier volle Monate zu Hause ermöglicht. Jetzt aber reichte die Pflege, die wir ihm zu Hause geben konnten, nicht mehr aus, um seine Schmerzen zu lindern.

Ben hatte sich in der letzten Zeit beinahe ständig übergeben müssen und ununterbrochen an Durchfall gelitten — nun schon mehr als sieben Monate lang. Und jetzt hatte er fürchterliche Schmerzen, er wand sich vor Krämpfen.

Diesmal diagnostizierten die Ärzte Pancreatitis, eine außerordentlich schmerzhafte Entzündung der Bauchspeicheldrüse. Sie steigerten die Dosierung der schmerzbetäubenden Medikamente und führten eine Röhre durch Nase und Hals in seinen Magen ein, um die Magensäfte abzusaugen, die einen Teil der Schmerzen verursachten.

Ben hatte zwischendurch immer noch gute Tage, aber es gab jetzt sehr viel mehr schlechte Tage als früher. Und an diesen Tagen war er sehr, sehr krank. Da es ihm aber erst vor kurzem noch so gut gegangen war, fiel ihm diese Veränderung jetzt doppelt schwer. So wurde er beim Anblick eines neuen Flugzeugmodells ganz aufgeregt. Aber dann zitterten seine Hände so sehr, daß er es nicht fertigbauen konnte. Im Februar und März schrieb er nur ein einziges Mal in sein Tagebuch: »Heute bin ich im Krankenhaus.« Das war alles. Seine Schrift war so schwach, daß man sie kaum lesen konnte.

Tage vergingen, Wochen.

Manchmal dachte ich: »Das kann so nicht weitergehen, irgendwo muß es doch ein Ende für Bens Leiden geben.« Aber dann fiel mir wieder ein, daß ja schließlich die Zeit unser Verbündeter in diesem Kampf um Bens Leben war, daß jeder neue Tag die weitere Erforschung von Aids bedeutete.

Ich fühlte mich langsam erstarren.

Die Welt kam mir nicht mehr wirklich vor. Unsere Familie schien nie mehr an einem Ort beisammen zu sein. Grant und ich sahen uns kaum noch. Er arbeitete. Ich war im Krankenhaus. Beau und Aber waren meistens bei Freunden oder Verwandten, und hin und wieder ertappte ich mich bei Schreckensvorstellungen, daß auch sie krank wären, obwohl ich es ja besser wußte. Ich sehnte mich danach, ihre gesunden Gesichter zu sehen und ihre glücklichen Stimmen zu hören.

In mein Tagebuch schrieb ich eines Abends, daß Danny das einzige war, was mich vor dem Wahnsinn bewahrte.

Grant und ich mußten unsere Familie wieder zusammenbringen. Aber wie? Wenn wir doch nur wüßten, wie lange Ben krank sein würde ... Wenn wir doch nur wüßten, ob Ben noch ein weiteres Jahr so wie jetzt im Krankenhaus verbringen würde oder länger, dann könnten wir nach Palo Alto übersiedeln. Beau in einer Schule dort anmelden. Für Grant ein neues Geschäft einrichten.

So wollten wir es machen. Unser Leben so planen, als ob eines Tages unsere Hoffnungen wirklich würden und Ben geheilt wäre.

Aus irgendeinem Grund hatte ich mir eingeredet, daß der *Hickman* Ben noch drei Jahre geben würde. Ich weiß nicht, warum. Ich redete es mir eben ein. Sollte das der Fall sein, würden wir unser Leben rund um dieses Krankenhaus neu ordnen müssen.

Aber was, wenn Ben früher sterben sollte? Was, wenn Ben, wie uns die Statistik nahelegte, noch vor Mai starb?

Daran konnte ich nicht denken. Ich konnte es nicht, weil ich hoffen mußte, daß Ben am Leben blieb. Aber so furchtbar es auch klingt, Grant und ich mußten praktische Entscheidungen für unser Familienleben treffen, bei denen auch die sehr reale Möglichkeit von Bens Tod zu bedenken war.

Es war ein furchtbarer Widerspruch: auf das Leben zu hoffen, und sich doch auf den Tod vorzubereiten.

Endlich beschlossen wir, Beau aus der Schule herauszunehmen und ihn und Aber zu mir ins Krankenhaus zu bringen, damit sie bei mir wohnen konnten. Grant arbeitete dienstags, mittwochs und donnerstags und verbrachte dann das viertägige Wochenende mit uns im Krankenhaus. Seine Arbeitszeiten an den drei Arbeitstagen waren unglaublich lang.

Eines Nachts kam er ungefähr um Mitternacht nach Hause, nachdem er gerade eine Woche bei uns im Krankenhaus verbracht hatte, und versuchte einzuschlafen, als er Geräusche aus der Küche hörte. Er öffnete eine Schranktüre und sah, wie da drinnen Flußratten herumliefen. Es hatte das ganze Wochenende über geregnet, und der Fluß hinter unserem Haus war angestiegen. Und so waren die Ratten in unser Haus eingedrungen.

Er erzählte mir, wie er dann, ganz allein in unserem Haus, sein BB-Gewehr herausgeholt hatte, die Schränke öffnete, hinter dem Küchentisch in Stellung ging und auf die Ratten feuerte...

»Es tut mir leid, Chris«, sagte er zu mir. »Ich weiß nicht, was über mich gekommen ist. Aber ich hörte auf, als sie sich hinter deinem guten Porzellan verkrochen.«

»Ich bin ja froh, daß du wenigstens vor irgend etwas haltgemacht hast«, zog ich ihn auf. Das klang nicht nach dem vernünftigen Grant, den ich kannte, um ein Uhr früh auf Ratten zu schießen.

Der Streß machte sich langsam bemerkbar. Wut, Trauer

und die erschreckende Unfähigkeit, Ben irgendwie zu helfen, machten uns alle fertig.

Sogar Beau.

Der Schulpsychologe hatte sich einige Male mit Beau unterhalten. Und er empfahl, daß Beau auch im Krankenhaus weiterhin einen Psychologen aufsuchen sollte. »Es hilft einfach, sich mit jemandem außerhalb der Familie zu unterhalten«, sagte er zu mir. »Machen Sie sich keine Sorgen. Sie machen alles ganz richtig. Seien Sie einfach bereit, mit ihm zu reden, wann immer er reden will.«

Das war ermutigend. Aber wann hatte ich denn schon die Zeit, mich mit ihm hinzusetzen, und mich wirklich allein mit ihm zu unterhalten? Ich wußte, daß Beau mich brauchte. Ich hatte mir nicht genug Zeit für ihn genommen, aber ich wußte nicht, woher ich sie nehmen sollte. Bens Krankheit, Dannys Bedürfnisse und Abers Hang, in Schwierigkeiten zu geraten, beanspruchten jede Stunde des Tages.

Als wir schließlich ins Krankenhaus übersiedelten, waren sowohl Beau als auch Aber aufgeregt. Ich nahm uns ein großes Eckzimmer im *Ronald McDonald House* und ließ ein paar zusätzliche Betten hineinstellen. Man konnte gar nicht durchs Zimmer gehen, weil die Betten aneinandergereiht von einer Wand zur nächsten reichten. Aber für die kleinen Jungen war es wie Camping.

Ich war froh, sie bei mir zu haben. Endlich waren wir wieder so etwas wie eine Familie. Aber es war doch anstrengend, in der Nacht Danny zu stillen, ohne Beau und Aber zu wecken, und dann noch selbst ein wenig Schlaf zu suchen.

In einer regnerischen Nacht läutete um ungefähr drei Uhr früh das Telephon. Es war eine Krankenschwester. Ben hatte die Röhre, die zu seinem Magen führte, aufgestoßen. Wieder einmal. Sie hatten immer größere Röhren eingeführt, in der Hoffnung, daß die größeren endlich unten bleiben würden. Das Einführen dieser Röhren war schmerzhafter als alles, was man Ben bisher angetan hatte. Und jetzt würde man eine große, eigentlich für Erwachsene gedachte Röhre einführen.

»Er hat gefragt, ob Sie nicht rüberkommen können«, sagte die Krankenschwester. »Ohne Sie läßt er uns die Röhre nicht einführen.«

Ich mußte bei Ben sein. Aber ich konnte die anderen Jungen nicht allein lassen. Danny hatte am Tag davor seine erste Impfung bekommen, er war unruhig und fieberte. Beau schlief. Abe war mit Grant nach Hause gefahren.

Ich wußte nicht, was ich tun sollte. Ich wurde in so viele unterschiedliche Richtungen auf einmal gezerrt. Ich hatte gedacht, die Probleme würden leichter zu bewältigen sein, sobald ich meine Familie an einem Ort beisammen hatte. Nun war ich hier, nur wenige hundert Meter von Ben entfernt, und fühlte mich noch immer zerrissen. Alle brauchten mich gleichzeitig.

»Könnten Sie Ben ans Telephon holen?« fragte ich.

»Mami, es wird weh tun«, rief Ben. »Ich will nicht, daß sie das tun.«

»Ich weiß, daß es weh tut, Schatz. Aber Ben, hör zu, ich kann Danny jetzt nicht allein lassen. Er hat Fieber, und Beau schläft. Ich kann sie einfach nicht hier allein lassen. Aber wenn du den Hörer ganz dicht an dein Ohr hältst, dann bleibe ich am Telephon bei dir und rede mit dir, während sie die Röhre einführen. Ich bin ganz nah bei dir, ja?«

Ich sprach ein kleines Gebet in Bens Ohr: »Bitte, lieber Vater im Himmel, hilf Ben, tapfer zu sein.«

Ich stillte Danny, damit er leise war, während ich mit Ben am Telephon sprach. Im Dunkeln sitzend, hörte ich, wie mein Sohn würgte und hustete, während die Krankenschwestern versuchten, die Röhre durch seinen Hals zu führen.

»Gut so, Benny. Versuch dich zu entspannen. Schluck

weiter! Ich liebe dich, Schatz. Du schaffst es. Ich weiß, daß es weh tut, aber du bist so tapfer ... gleich wird's dir bessergehen ... sie müssen diese Röhre hineinbekommen, damit es dir wieder bessergeht ... noch ein paar Minuten, dann hast du's hinter dir.«

Als das Würgen endlich aufhörte, hörte ich, wie Ben versuchte, gute Nacht zu sagen.

Wieviel mehr davon konnte Ben noch ertragen? Es war so ungerecht, daß ein kleiner Junge derart leiden mußte, wo er doch nichts getan hatte, daß er dies alles verdient hätte. Wieviel Leid konnte er noch aushalten?

Als ich den Hörer auflegte, sah ich, daß Dannys Haar durch meine Tränen triefnaß geworden war. Und etwas bewegte sich unter den Decken neben mir. Beau. Hatte Beau womöglich alles gehört? War er wach?

»Beau?« flüsterte ich.

Er sagte kein Wort.

Wo ich auch hinsah, warteten Dinge darauf, erledigt zu werden. Nicht Berge von Wäsche oder Geschirr. Sondern Kindergemüter, um die ich mich kümmern mußte. Und hier saß ich im Dunkeln und weinte. Verschüttete Energie in Tränen.

Es war Samstagmorgen. Grant war bei Ben. Ich war unten und ging gerade mit Beau und Danny und Aber spazieren, als ich den Lautsprecher hörte: »Stat, Zimmer 205!«. Zimmer 205. Das war Bens Zimmer. Ich wußte nicht, was die Ansage bedeutete, aber dem Tonfall nach klang es dringend. Ich lief zum nächsten Telephon und rief verzweifelt Bens Zimmer an. Keine Antwort. Ich lief mit den Jungen zurück, als eine zweite Ansage eine Beatmungseinheit in Bens Zimmer rief.

Eine Krankenschwester kam mir auf dem Gang entgegen. Sie nahm mir die Jungen ab und sagte, ich sollte schnell zu Ben.

Ich rannte zum Zimmer und sah hinein, und durch das dichte Gedränge von Ärzten und Schwestern konnte ich Bens kleinen Körper sehen, der auf dem Bett immer wieder ruckartig hochschnellte. Nie zuvor hatte ich einen Körper in derartig heftiger Bewegung gesehen.

Ich stand einfach da, vor Entsetzen gelähmt, während ein Dutzend oder mehr Ärzte und Schwestern alle gleichzeitig Ben bearbeiteten, ihm Sauerstoff und irgendein Medikament zu geben versuchten. Mein Blick traf sich mit Grants. Er stand an Bens Bett, hielt Ben fest. Er winkte mir, zu ihm zu kommen. Ich drängte mich zwischen den Ärzten durch ... Ich mußte zu Ben.

Dann, ganz plötzlich, hörte der Anfall auf, Bens Körper erschlaffte und blieb flach und erschöpft liegen.

»Ben, ach Ben, lebst du noch?«

Ich hielt seine Hand in meiner und sprach leise, aber tief und eindringlich in sein Ohr. Wenn er noch lebte, mußte ich ihn erreichen.

»Ich liebe, dich Ben, ich hab' dich lieb«, sagte ich.

Ich blickte auf und sah, wie Grant auf der anderen Seite des Bettes Bens Hand hielt. Sein Gesicht war weiß wie die Wand.

»Wir sind hier, Ben. Papa und ich. Wir haben dich lieb.«

»Mami ..., ich möchte nach Hause.«

Er konnte kaum flüstern.

Eine Krankenschwester sah mich an, wie um mir zu sagen, daß nach Hause zu gehen jetzt natürlich nicht in Frage kam.

»Es wird alles wieder gut. Wir lieben dich, Ben«, sagte ich.

»Mami, ich will nach Hause.«

Ben mußte es zweimal sagen, bevor ich verstand, was er sagen wollte. Er meinte nicht Carmel. Er meinte wirklich nach Hause. Wir hatten Ben gesagt, Sterben sei wie nach Hause zu gehen. Und jetzt war er bereit.

»Ist ja gut, Schatz. Ich verstehe schon. Wirklich.«
»Wirst du mich dort besuchen kommen?«
»Ja, Ben. Eines Tages werde auch ich kommen.«

VII

»Du bist Sieger, Ben! Du bist Sieger!«

Ben lag auf dem Bett. Leblos. Mit geschlossenen Augen. Eine Maschine regelte seine Atmung. Rund um die Uhr war eine Krankenschwester bei ihm. Seine Spielsachen lagen in einem chaotischen Haufen in der Ecke, denn man hatte für die Intensivgeräte Platz machen müssen.

Es war Dr. Gladers freier Tag, aber trotzdem war er gekommen, um Ben zu untersuchen. Er erklärte uns, daß Ben einen epileptischen Anfall erlitten hatte und wir von Glück reden durften, daß er noch lebte.

Seine Stimme klang ungewöhnlich ernst. Der Anfall, sagte er, war vermutlich dadurch verursacht worden, daß Aids Bens zentrales Nervensystem angegriffen hatte. Vielleicht war das Gehirn dabei geschädigt worden. Lähmung. Vielleicht jedoch gab es auch gar keine Folgeerscheinungen.

Bens langer Liste von Medikamenten fügte er noch ein Mittel gegen diese Anfälle hinzu und sagte uns, daß Ben wahrscheinlich noch sehr lange schlafen würde. Der Körper erholte sich auf diese Weise von dem Trauma des Anfalls. Und solche Anfälle, warnte er uns, konnten sich auch wiederholen.

Ein Fläschchen eines Medikamentes, das ihn im Falle eines zweiten Anfalls wiederbeleben sollte, stand griffbereit. Für den Notfall.

Nachdem wir mit dem Arzt gesprochen hatten, gingen Grant und ich zurück ins Besucherzimmer, um mit Beau und Aber zu sprechen und ihnen so gut wie möglich zu erklären, was mit Ben los war. Aber sah fern. Beau starrte den Bildschirm an, sein Gesicht war schneeweiß. Er blickte zu uns auf, dieser kleine Sechsjährige, und es war offensichtlich, daß er Angst davor hatte, was wir sagen würden. Und ich selbst war noch so erschüttert, daß es mir schwerfiel, den mütterlichen Tonfall aufzubringen, in dem ich Beau die Wahrheit sagen konnte, ohne ihn zu erschrecken.

»Er schläft gerade, Beau«, sagte ich.

»Was ist denn mit ihm passiert, Mami?«

Beau kam zu mir herüber, und ich nahm ihn auf meinen Schoß. Grant ging zu Aber. Er war noch ziemlich klein. Zu klein.

»Er hat etwas gehabt, das man einen Anfall nennt, Beau.«

»Ist das schlimm?«

»Ja, ziemlich schlimm. Aber jetzt ist es vorbei.«

Beau saß eine Weile lang einfach da und sah seine Hände an, patschige kleine Erstkläßler-Hände.

»Mami, wird Ben sterben?«

»Ach, Beau ... was soll ich dir sagen?« Ich fühlte einen Knoten in meinem Hals. So viele Gefühle stiegen in mir auf. Ich wußte nicht, was ich jetzt sagen sollte, nicht einmal, was zu sagen angebracht wäre. Ich konnte gerade noch meine Stimme beherrschen, um nicht in Tränen auszubrechen. Das durfte mir nicht passieren. Auf keinen Fall. Beau brauchte Ermutigung, brauchte sie ganz dringend.

Ich mußte die richtigen Worte finden ...

Ich drückte ihn eine Minute fest an mich, holte tief Atem und sagte: »Ich weiß es nicht, Beau. Wir sind uns nicht sicher. Ich weiß, wie schwer das für dich ist. Aber ich möchte nicht, daß du dir jetzt Sorgen machst, jetzt schläft er nämlich. Im Augenblick ist alles in Ordnung. Er ist nur sehr, sehr müde und muß eine Zeitlang schlafen.«

»Ich liebe Ben, Mami.«

»Ich weiß, Beau. Ich weiß ... Beau, ich muß jetzt zurück zu Ben. Kannst du jetzt für mich tapfer sein, nur mehr ein paar Tage? Und dann werden wir uns ausführlicher darüber unterhalten, okay, Schatz?«

Er nickte mit seinem kleinen Kopf an meiner Brust.

»Ich liebe dich, Beau.«

Ich konnte sehen, wie sehr Beau mich brauchte. Das war geradezu schmerzhaft deutlich. Er war von allem, das er kannte, weggerissen worden, von seinem Zuhause, seiner Schule und allzuoft auch von seinen Eltern.

Wie lange trug er diese Frage schon in sich? Wie lange fragte er sich schon, ob sein großer Bruder sterben würde?

Meine Bluse war naß von seinen Tränen. Auch er war mein Sohn. Und ich liebte ihn sehr. Doch für ihn blieb später noch genügend Zeit. Zeit, die ich mit Beau verbringen würde. Zeit, um den Schmerz zu heilen, den er jetzt erleiden mußte. »Eines Tages werde ich das alles an dir wieder gutmachen, Beau. Ich verspreche es.«

Später verstand ich dann Beaus Angst noch viel besser. Monate später, als er mir gegenüber zugab, daß er den Krankenschwestern entwischt war und in Bens Zimmer geschaut hatte. Er hatte es gesehen. Die Folgen des Anfalles: das Gedränge von Ärzten, das Sauerstoffgerät, die Krankenschwestern, die die Atemmaske auf Bens Gesicht preßten. Und schließlich Ben, der reglos auf dem Bett lag.

Aber an diesem Tag hatte ich nicht die Zeit, mich mit Beau hinzusetzen und mit ihm zu reden, ich konnte das Geschehene nicht mehr einigermaßen zurechtrücken, so sehr ich es auch wollte.

Statt dessen mußte ich von Beau und Aber wieder einmal Abschied nehmen und ihnen nachblicken, wie sie mit Freunden von uns, die gerade im Krankenhaus auf Besuch gewesen waren, wegfuhren. Für den Rest des Tages saß ich auf der einen Seite von Bens Bett, Grant auf der anderen. Und gemeinsam mit der diensthabenden Schwester warteten wir. Warteten, daß Ben aufwachen würde. Daß Ben vielleicht noch einen Anfall bekäme. Warteten auf irgend etwas.

Es wurde dunkel, und wir ließen noch ein Bett hereinbringen, damit wir beide in Bens Zimmer bleiben konnten. Aber ich glaube, Ben war der einzige, der schlief.

Ben war bereit, loszulassen. Er hatte es mir selbst gesagt. Noch immer klangen seine Worte in meinen Ohren: »Ich möchte nach Hause. Ich will nach Hause.«

So direkt hatte Ben bisher noch nie über seinen eigenen Tod gesprochen. Zwischen uns beiden hatte sich ein Einverständnis entwickelt, daß wir diesen Kampf durchhalten wollten, ohne jemals darüber zu sprechen, wie er ausgehen würde. Ein unausgesprochenes Abkommen, das mit einer hauchdünnen Schicht Hoffnung bedeckt war. Ben mußte dem Ende schon sehr nahe gewesen sein, um so zu mir zu sprechen.

Aber was sollten wir jetzt tun? Grant und ich waren Bens Fürsprecher in diesem Leben. Was wollte er von uns, was sollten wir tun? Einfach loslassen? Nur eine Stunde vor seinem Anfall hatte Ben glücklich mit Beau und Aber gespielt. Am Tag davor hatte er noch im Garten gesessen und ein Flugzeugmodell fertiggebaut und darüber gesprochen, welches er als nächstes im Spielwarenladen kaufen wollte.

Das hörte sich doch nicht wie ein Junge an, der im Sterben lag, oder? Nein, das war ein Junge, der sich noch an das Leben klammerte.

Doch jetzt war es möglich, daß Ben plötzlich sterben würde. Diese Nacht. Morgen. Und es war möglich, daß er in ein Koma sank, wie seine Freundin Jessica, technisch am Leben, aber nicht wirklich lebendig. Halb lebendig. Halb Ben. Ich wußte, weder Grant noch ich könnten das ertragen.

Waren die Ärzte moralisch, ethisch verpflichtet, Ben am Leben zu erhalten, ganz gleich, in welchem Zustand er war, solange es noch ein Medikament oder eine Maschine gab, die seinen Körper in Gang hielt?

»Das hängt von Ihnen ab«, antwortete Judie Lea auf unsere Fragen, während Ben schlief. Judie führte uns in ein Gebiet, das für uns Neuland war, sie wies uns den Weg, ohne unsere Entscheidungen für uns zu fällen.

»Wir wollen ihn nicht unnatürlich am Leben erhalten, ich meine ..., wenn es jetzt Zeit für ihn ist zu gehen«, sagte Grant.

»Woher sollen wir wissen, wann es für ihn Zeit ist zu sterben, Grant?« sagte Judie. »Die Ärzte können das nicht entscheiden. Ich glaube, in Wirklichkeit kann das gar niemand entscheiden. Das Krankenhaus kennt allerdings gewisse Vorgehensweisen ... Es gibt da eine Erklärung, die Sie unterzeichnen können. Wenn Sie wollen.«

»Eine Erklärung?« fragte ich.

»Sie besagt, daß keine ›drastischen Maßnahmen‹ ergriffen werden sollen, um einen todkranken Patienten im letzten Stadium künstlich am Leben zu erhalten«, sagte sie.

Judie versicherte uns, daß, sollten wir diese Erklärung unterzeichnen, Ben weiterhin gut versorgt würde. Er würde weiterhin Essen, Wasser und schmerzbetäubende Medikamente bekommen. Aber es würden keine »drastischen Maßnahmen« ergriffen, um künstlich sein Leben zu verlängern, obwohl es doch keinerlei Hoffnung mehr gab.

Grant und ich besprachen die Angelegenheit. Es dauerte nicht lange, denn wir waren darüber einer Meinung. Wir unterzeichneten die Erklärung.

Ben war jetzt ganz auf sich gestellt. Wenn es für ihn Zeit war zu sterben, dann wollten wir ihn nicht daran hindern. Aber noch nie hatte ich so inständig gehofft, daß er leben würde, wie bei der Unterzeichnung dieses Dokuments. Daß seine Zeit doch noch nicht gekommen wäre.

Ben schlief zwei volle Tage lang. Am Morgen des dritten Tages öffnete er die Augen. Grant und ich sahen einander mit ungeheurer Erleichterung an. Er lebte. Er war zwar ein wenig benommen, aber am Leben. Obwohl Grant und ich und Beau von diesem Anfall ein schweres Trauma abbekommen hatten, konnte Ben sich überhaupt nicht daran erinnern.

Und wieder einmal begann er, darum zu kämpfen, wieder gesund zu werden. Nach ein paar Tagen war es, als ob nichts geschehen wäre. Und gegen Ende der Woche war er, gestärkt von der langen Ruhepause, eher kräftiger als vor dem Anfall.

Die Krankenschwestern kamen herein, um wieder die gefürchtete Röhre in seinen Hals einzuführen, die sie während des Anfalls hatten entfernen müssen. Und er sagte nein. Freundlich, aber entschlossen. Und überraschend reif.

»Ich möchte zuerst mit Dr. Glader sprechen«, sagte er. Er wollte nicht lästig sein. Er war einfach ein Patient, der seinen Arzt sprechen wollte. Und Ben wußte inzwischen genug über Krankenhäuser, um zu wissen, daß nicht die Schwester zu entscheiden hatte. Und er wollte sich nicht mit einem Assistenzarzt abgeben. Er wollte den Zuständigen sprechen.

Dr. Glader kam am selben Nachmittag vorbei, und Ben erklärte ihm, er hätte die Röhre jetzt einige Wochen lang ausprobiert, er fühle sich mit ihr aber schlechter statt besser. Er wollte es jetzt auf seine Art, ohne die Röhre, versuchen. Er müßte sich ohnehin so oft übergeben, daß die Magensäfte, die die Röhre entfernen sollte, auch von alleine hochkämen, sagte er.

Dr. Glader blickte mit leicht hochgezogenen Augenbrauen zu mir herüber. Ich lächelte ihn an. Ich kannte solche Gespräche mit Ben. Er konnte sehr überzeugend sein, wenn er zu etwas entschlossen war, und meistens gab es auch einen guten Grund dafür. Und was die Röhre betraf, war er eindeutig fest entschlossen.

»Okay, Ben. Eins zu null für dich. Versuchen wir's auf deine Art.«

»In Ordnung!«

Ben strahlte. Es war nur ein kurzer Augenblick der Selbstbestätigung, aber er half ihm, wieder ein wenig die Kontrolle über sein Leben zurückzugewinnen. Und dazu hatte er nicht sehr viel Gelegenheit bekommen, seitdem er wieder im Krankenhaus war.

In der darauffolgenden Woche brachte Grants Vater Bens Cousins Brett und Joey mit auf Besuch. In Jeans und Sneakers stürmten sie durch die Türe, der Opa folgte ihnen dicht auf den Fersen. Ben lachte sie groß an, sobald sich die Türe öffnete. Niemand konnte ihn so aufheitern wie seine Cousins.

»Sieh mal, was wir dir mitgebracht haben, Ben!« sagte Brett.

Joey überreichte Ben ein kleines Stück einfaches Kiefernholz, etwa zwanzig Zentimeter lang und acht Zentimeter breit. Ben drehte es ein paar mal herum in seinen Händen. Offensichtlich waren die Cousins ganz aufgeregt deswegen, aber er hatte keine Ahnung, warum.

„Es ist für dein Pinewood-Derby-Rennen, Benjamin«, erklärte Opa. »Schon mal was davon gehört in deiner Pfadfindergruppe?«

Ben schüttelte den Kopf. Er war schon so lange bei keinem Treffen mehr gewesen.

»Es ist ein Rennen. Ein *großes* Rennen«, sagte Joey. »Du nimmst diesen Holzblock und machst ein Auto daraus. Und dann schickst du es ins Rennen und schaust, wer gewinnt. Da gibt's auch Preise und alles mögliche.«

»Das heißt, man kann sein eigenes Auto entwerfen ... alles, was einem einfällt?«

»Yeah! Wir haben unsere Blöcke auch mitgebracht«, sagte Brett. »Wir könnten es gemeinsam machen.«

»Wow!« rief Ben.

Und so bauten Ben und sein Großvater und die Cousins hier mitten im Krankenhaus ihre kleine Werkstatt auf, studierten aufs gründlichste Autos in einschlägigen Zeitschriften und vertieften sich in die Modelle, die Ben alle schon hier im Krankenhaus gemacht hatte. Die Herren Experten diskutierten über die Vor- und Nachteile von Kühlrippen und Spoilern und anderen Dingen, von denen ich nie im Leben gehört hatte.

Brett und Joey skizzierten ihre Modelle direkt auf das Holz, aber Ben zeichnete seinen ersten Entwurf zunächst sehr sorgfältig auf Papier. Er war bei jedem Detail ungeheuer pingelig.

Er zeichnete sein Rennauto auch aus unterschiedlichen Perspektiven, damit er sich vorstellen konnte, wie es aussehen würde, wenn es fertig war. Sein Modell wirkte ziemlich futuristisch, stromlinienförmig, sehr technisch, vorn ganz tiefliegend, nach hinten ansteigend zu einem hohen, elegant geschwungenen Heck.

Schließlich übertrug er seinen Entwurf auf den Holzblock.

Die anderen Jungen waren schon eifrig dabei, ihre Autos aus dem Holzblock herauszuschnitzen, als Opa Oyler schließlich für Ben sein begehrtes Taschenmesser zückte.

»Kommst du zurecht, Ben?«

Ben nahm das schwere Messer in die Hand und probierte es aus. Aber obwohl das Holz ganz weich war, hatte er zum Schnitzen einfach nicht genug Kraft.

»Darf ich dir helfen?« fragte der Großvater.

Ben sah zu ihm empor und lächelte: »Bitte!«

Eine Weile führte der Großvater Bens Hand, aber schließlich mußte er doch die meiste Arbeit selbst tun.

Am Abend war das Zimmer voller Schnitzspäne. Und drei funkelnagelneue Rennautos warteten darauf, bemalt zu werden.

»Ich möchte meinen in Metallicrot!« sagte Joey.

»Ich meinen in Silber, mit einem schwarzen Rallyestreifen«, sagte Brett.

»Opa, muß ich meinen anmalen?« fragte Ben.

»Nein, ich glaub' nicht, Benjamin«, antwortete der Großvater. »Willst du denn nicht?«

»Nein, ich möchte ihn nur weiß lasieren, wie das Vogelhaus, das ich einmal mit Opa Ralph gemacht habe, dann sieht man das Holz noch durch die weiße Holzfarbe.«

Am nächsten Wochenende fanden Probeläufe für das bevorstehende Derby statt, und wir nahmen Ben nach Hause, damit er sehen konnte, wie sein kleiner Rennwagen abschneiden würde.

Aber später wäre es mir lieber gewesen, wir wären im Krankenhaus geblieben. Bens Auto ging als letztes durchs Ziel, weit hinter allen anderen. Und die wenigen glücklichen Augenblicke, die das Rennauto und der Besuch der Cousins ihm gebracht hatten, schienen sich in Luft aufzulösen.

Ben ging es gar nicht gut, als wir wieder ins Krankenhaus zurückfuhren. Was er jetzt am allerdringendsten brauchte, war ein Freund.

Aber für einen Jungen mit Aids war es nicht leicht, einen Freund zu finden. Sogar im Krankenhaus wollten die Eltern der anderen Kinder nicht, daß diese zuviel Zeit mit Ben verbrachten. Einmal ging Ben pünktlich um fünf Minuten vor vier am Nachmittag hinaus auf den Hof, um sich mit einem anderen kleinen Patienten zu treffen, mit dem er sich für vier Uhr verabredet hatte. Aber es vergingen fünf Minuten, dann zehn und dann dreißig. Nach einer Stunde schließlich, als es bereits dämmerte, gab Ben auf und ging wieder hinein.

Dann tauchten eines Tages ein Mann und eine Frau, die wir gar nicht kannten, bei Ben auf. Sie waren von einer Vereinigung, die sich »Wünsch-dir-was-Stiftung« nannte und deren Ziel es war, die letzten Wünsche von unheilbar kranken Kindern zu erfüllen.

»Ben, wenn du dir etwas wünschen dürftest, einfach alles, was dir einfällt, was wäre das denn?« fragte die Dame.

Er dachte eine Weile nach.

»Einen Rennwagen zum Selbermachen!« sagte er dann.

Aber die Leute von dieser Stiftung rechneten eigentlich mit viel teureren Wünschen als einem Rennwagen zum Selberbasteln für fünfzig Dollar. Sie baten mich hinunter in die Lobby und fragten mich, ob Ben nicht einen größeren Wunsch hätte, vielleicht eine Reise. Aber Ben war nicht imstande zu reisen. Jedenfalls nicht jetzt. Ich schlug also einen Einkaufsbummel durch einige Spielwarengeschäfte vor. Dort konnte er sich seinen Rennwagen aussuchen und vielleicht andere Dinge auch noch.

Schon die Vorfreude auf diesen Einkaufsbummel hob Bens Laune. Er machte eine Liste von Spielsachen, die er gern hätte. Aber als ich mir die Liste ansah, bemerkte ich, daß das meiste für Beau und Aber war.

Als der Tag gekommen war, lehnte Ben es ab, den Rollstuhl zu benützen. Er wollte den Spielzeugladen lieber auf seinen eigenen zwei Beinen besuchen.

Schließlich standen wir mit einer ziemlichen Ladung vor der Kasse: ein paar Spielzeugpistolen, ein Baseballhandschuh, ein Roboter, und die aufregendste von allen Neuerwerbungen war ein elektrisch betriebener Jeep mit zwei Sitzen.

»Man kann wirklich damit fahren, Mami!« rief Ben.

Die nächsten Tage waren schwierig. Ben war zu schwach für die meisten Beschäftigungen, die ihm noch vor ein paar Monaten Spaß gemacht hatten; trotzdem waren seine Schmerzen nicht so arg, daß er nicht doch gern draußen gespielt hätte.

Da trat Jaap Suermondt in Bens Leben — eigentlich in unser aller Leben. Ich sah Jaap zum ersten Mal, als ich eines Nachmittags in Bens Zimmer kam. Da saß er, ein junger, blonder Stanford-Student, angehender Mediziner, in einer Ecke und las, während Ben in seine Comics vertieft war.

Ich küßte Ben und gab ihm Danny zum Halten. Jaap erhob sich wohlerzogen — er war sehr groß, gut einen Meter neunzig — und erklärte mir, daß er Holländer sei und daß man seinen Namen »Jop« ausspreche. Er war nach Stanford gekommen, um hier zu studieren. Sein Vater war Kinderarzt in Holland, Jaap war also an Krankenhäuser gewöhnt.

Jaap gefiel mir sofort. Er hatte einen leichten Akzent und eine etwas förmliche, sehr respektvolle Art zu reden. Nach der ersten Unterhaltung mit ihm begriff ich, warum wir bisher so wenige Medizinstudenten gesehen hatten.

Medizinstudenten durften während ihrer Famulatur selbst wählen, mit welchen Patienten sie sich länger beschäftigen wollten, sie sollten aber möglichst viele Patienten kennenlernen und nicht zuviel Zeit mit einem einzigen verbringen. Jaap berichtete mir, daß man sie vor dem kleinen Jungen auf Zimmer 205 gewarnt habe, weil er ja Aids hatte, und so fand sich auch niemand, der ihn besuchen wollte — niemand außer jetzt Jaap.

Jaap gestand, daß auch er Hemmungen gehabt habe, da dem Krankenhauspersonal so äußerst strenge Vorsichtsmaßnahmen für den Umgang mit Aidspatienten eingeschärft wurden. Auch er war etwas ängstlich, was ihm zugleich aber auch peinlich war. Seine Besorgnis wurde erst zerstreut, gestand er mir später, als er sah, wie ich Ben Danny zum Halten gab.

Am Anfang traute Ben dem Neuen nicht ganz. Assistenzärzte, die auch ungefähr so alt wie Jaap waren, tauchten immer wieder auf, um Ben zu »studieren«, und er hatte einfach genug von Leuten, die sich nur für seine Krankheit interessierten. Natürlich sehnte er sich nach einem Freund — aber er war schon zu oft enttäuscht worden. Ich glaube, er hatte Angst vor einer weiteren Enttäuschung.

Deshalb wollte er Jaap prüfen, bevor er ihn in sein Leben ließ.

»Ich hab' Aids«, sagte er ihm am zweiten oder dritten Tag.

»Das weiß ich, das haben sie mir schon gesagt«, erwiderte Jaap. »Wie geht's dir denn jetzt?«

»Im Moment nicht so schlecht. Aber weißt du, ich muß sterben.«

»Ben, sag so etwas nicht.«

»Warum nicht?«

»Tu's einfach nicht, bitte«, sagte Jaap.

Ben wechselte das Thema.

Langsam, ganz langsam schenkte er Jaap sein Vertrauen. Im Krankenhaus drückte man ein Auge zu und erlaubte es, daß Jaap sich fast ausschließlich mit Ben befaßte, und so wurden die beiden ein Team, der große, schlaksige Blonde und der kleine Junge mit den großen braunen Augen und den etwas gedunsenen Wangen, der Jaap kaum bis zur Taille reichte.

Als sie einander schon besser kannten, kam Jaap jeden Tag zu Ben, um bei ihm seine Vorlesungsnotizen durchzuarbeiten. Manchmal unternahmen sie gemeinsam kleine Spaziergänge, oder sie gingen zusammen ins Spielwarengeschäft oder suchten im Videoladen einen Film aus.

Im April wurde Beau sieben. Es war ein Sonntag. Ich weiß noch, wie ich in Bens Zimmer kam und er schnell die Tür hinter mir schloß, bevor Beau und Aber mit mir hereinkommen konnten.

»Kannst du eine große Schleife binden, Mami?« fragte er. »Und bitte paß auf, daß Beau nicht hereinkommt, ja? Auch Aber nicht, denn sonst redet er. Versprichst du mir das?«

Ich drehte mich um und sah auf seinem Bett aufgestellt etwas, das wie ein Maschinengewehr aussah.

»Was um Himmels willen ist das?«

»Eine Rambo-Spritzpistole mit Batteriebetrieb!«

»Toll, Ben, ich glaub', so eine Spritzpistole hab' ich noch nie gesehen.«

»Die ist für Beau, Mami, zu seinem Geburtstag. Glaubst du, daß sie ihm gefallen wird?«

»Und wie! Wo hast du dieses Ding denn her?«

»Ich hab's der Schwester abgeluchst. Der, die den Schlüssel für das Geheimfach hat, wo sie alle Spielsachen aufheben, die die Leute dem Krankenhaus schenken. Was sagst du dazu?«

»Beau ist sicher ganz begeistert.«

Als Beau am Nachmittag schließlich in Bens Zimmer durfte, blieb ihm fast die Sprache weg. »Suuuper!« brüllte er, als er die Spritzpistole sah — das war zur Zeit das größte Kompliment, zu dem er fähig war. Offenbar hatte Ben selbst schon ein bißchen geübt ... Jetzt zeigte er Beau, wie man damit zielen konnte, und der schoß einen Wasserstrahl aus dem Fenster. Wir klatschten alle.

»Guter Schuß, Beau!« rief Ben.

Dann jedoch hörten wir Dr. Glader von unten heraufrufen: »He, Ben! Ein bißchen mehr Zurückhaltung da oben, ja?«

Wir fuhren zusammen und sahen uns erschrocken an wie bei einem Streich erwischte Schulkinder. Dann fing Ben zu lachen an. Er lachte jetzt anders als früher, aber immerhin, er lachte wieder. Er hat wieder lachen gelernt, dachte ich ganz glücklich.

Beau konnte seinen Blick nicht von der Rambo-Spritzpistole lösen.

»Danke, Ben«, sagte er, »das ist mein allerallerschönstes Geburtstagsgeschenk ...« — und fiel Ben um den Hals.

Es war etwas ganz Besonderes um diese eigentlich ganz normale kleine Szene. Wir freuten uns und waren glücklich miteinander — und das unter den schrecklichsten Umständen, die man sich vorstellen konnte. Vielleicht hatten Grant und ich in den ersten Monaten nach der Diagnose von Bens Krankheit einen Fehler begangen, als wir versuchten, einer bestimmten Routine zu folgen, damit unser Leben so aussähe, als hätte es sich nicht verändert.

Aber das Leben hatte sich verändert. Und eine der wichtigsten Veränderungen war, daß wir keiner Routine mehr zu folgen brauchten. Darin lag eine gewisse Freiheit: jeden Tag so zu erleben, wie er eben kam, und einander offener zu lieben als zuvor. Es gab keine Pläne mehr, auch keine Tabus, die uns vorschrieben, über Dinge nicht zu sprechen, die uns am Herzen lagen.

Es waren Erkenntnisse und Einsichten wie diese, die mir halfen, diese Tage zu bewältigen. Obwohl der epileptische Anfall Ben körperlich geschwächt hatte, war er geistig nicht im geringsten beeinträchtigt. Aber ich glaube nicht, daß Grant und ich je darüber hinwegkamen.

Ich wagte kaum einzuschlafen. Es war fast, als rechnete ich damit, daß man mich sofort aufwecken und mir mitteilen würde, Ben hätte schon wieder so einen Anfall. Ich wagte mich auch kaum aus Bens Zimmer, vor lauter Angst, daß mich unten in der Halle dann wieder die Lautsprecherdurchsage einholen würde: »Stat, Zimmer 205.«

Grant fuhr wieder in die Arbeit. Aber er war so besorgt und so isoliert von seiner Familie, daß er sich kaum konzentrieren konnte. Ich machte mir Sorgen um ihn. Er sah auch schlecht aus. Als er am Wochenende wieder heraufkam, sah Judie Lea ihn sich an und sagte uns dann ebenso direkt wie eindringlich, wir müßten einmal ausspannen.

Ich wußte, daß sie recht hatte. Ein paar Tage weg vom Krankenhaus hätten wir bitter nötig gehabt. Weg von der Krankheit. Weg von der ständigen Angst. Aber wie? Wann? Wir sahen überhaupt keine Möglichkeit.

Dann sagte Ben eines Tages zu mir: »Mami, glaubst du, Opa Ralph könnte sich mein Derby-Auto anschauen? Vielleicht fällt ihm etwas ein, damit es schneller fährt.«

»Wir könnten ihn fragen, aber ich weiß nicht, wann Opa und Oma wieder heraufkommen, Ben. Du weißt ja, nach Los Angeles ist es eine lange Fahrt.«

»Aber ihr könntet ihm ja den Wagen bringen.«

»Und wer bleibt dann hier bei dir?«

»Jaap. Jaap kann sich um mich kümmern, nicht, Jaap?« fragte er, zu Jaap gewendet, der in einer Ecke von Bens Zimmer wieder über seinen Arbeiten für irgendeinen Kurs brütete.

»Klar. Ben und ich passen schon aufeinander auf.«

»Bitte, bitte, Mami«, bettelte Ben. Es war, als hätte er begriffen, wie dringend wir einen kleinen Urlaub brauchten.

»Na schön, ich rufe Opa Ralph an«, sagte ich.

Ralph hatte selbst drei Söhne großgezogen, er war auch einmal Pfadfinderführer gewesen. Er würde wissen, was zu tun war. Wenn überhaupt jemand das kleine Rennauto noch auf Trab bringen konnte, dann war es Ralph.

»Bring es nur herunter, ich werde mir die Sache ansehen«, sagte Ralph zu Grant, als dieser ihn anrief und erzählte, wie enttäuscht Ben von seinem Rennwagen-Modell war. »Es ist zwar schon zwanzig Jahre her, daß ich mich mit diesen Rennautos beschäftigt habe, und ich werde mir die Bestimmungen zu Gemüte führen müssen. Aber es wird mir schon etwas einfallen.«

Auch auf Ralph konnte man sich verlassen. Und auf meine Mutter, die sofort vorschlug, Beau und Aber auf ein paar Tage zu beherbergen, während Grant, Danny und ich nach Torrey Pines in San Diego fuhren, wo Grant und ich, bevor wir heirateten, auf dem dortigen Golfplatz herrliche Zeiten verbracht hatten.

Zum ersten Mal seit Bens Erkrankung spielte Grant hier wieder Golf. Jeden Tag stand er um vier Uhr früh auf, um sich für ein Morgenspiel auf dem beliebten öffentlichen Golfplatz einzutragen. Dann kam er zurück und schlief noch ein bißchen, bis er zum Tee-off an der Reihe war.

Nachdem Danny mich schon die zweite Nacht nicht schlafen hatte lassen, nahm Grant ihn im Kinderwagen mit, damit ich mich etwas ausruhen konnte. Als er zurückkam, fiel mir auf, daß ihm irgend etwas an der Kniekehle herunterhing. Es sah aus wie der Schwanz eines Drachens.

»Was schleppst du denn da hinter dir her?« fragte ich.

Er tastete ziellos hinter sich herum. Dann konnte ich ihn buchstäblich durch die Finsternis erröten sehen. Er hielt meinen Stillbüstenhalter hoch!

»Also nein — heißt das, daß ich dieses Ding die ganze Zeit hinter mir hergezogen habe?«

Ich bekam einen Lachanfall.

»Ich kann sie vor mir sehen, die alten Golfprofis, wie sie dastehen und warten, daß sie sich eintragen können. Und da kommt so ein Jüngling mit einem Kinderwagen daher, und aus der Hose hängt ihm ein Büstenhalter heraus! Die sind sicher alle vor Lachen fast gestorben!«

Da mußte auch Grant lachen. Wir lachten beide. Und weil das so schön war, lachten wir noch ein bißchen länger. Wir lachten und lachten, bis wir nicht mehr konnten. Und ich erkannte zum ersten Mal, wie entspannend, ja verjüngend es sein kann, sich gemeinsam vor Lachen auszuschütten.

»Das kommt davon, daß du so früh aufstehst und dich im Finstern anziehst«, sagte ich.

»Und das kommt davon, daß du deinen Büstenhalter auf den gleichen Stuhl legst wie ich meine Hose«, sagte Grant, warf sich aufs Bett und küßte mich, und wir lachten immer noch.

Und dann küßte er mich noch einmal. Und dann war es, als bemerkten wir erst jetzt, daß wir seit Ewigkeiten das erste Mal wieder zusammen in derselben Stadt, im selben Bett waren. Und nichts zwang uns, sofort wieder aufzustehen, nichts gab es, das sofort getan werden mußte . . .

Und Danny — Dank sei seiner unschuldigen Seele! — schlief ausnahmsweise einmal tief und fest.

Erst in San Diego wurde uns wirklich klar, wir dringend wir diese paar Tage für uns allein gebraucht hatten. Aber jetzt sehnten wir uns wieder zurück nach unserem kleinen kranken Sohn. Auf der Rückfahrt mußten wir nur einen Stopp einlegen.

Beau und Aber kamen uns schon entgegengerannt, als unser weißer Kombi vor dem Haus meiner Mutter um die Ecke bog, und vier kleine Arme schlangen sich um mich, kaum daß ich aus dem Auto gestiegen war.

Während ich mit Beau und Aber spielte und mich von meiner Mutter ins Bild setzen ließ, gingen Grant und Ralph gleich in die Werkstatt, um das Rennauto fertigzumachen.

Zuerst bearbeiteten sie die Achsen und die Räder des kleinen Wagens mit dem feinsten Sandpapier, das sie fanden. Dann fiel Ralph eine Möglichkeit ein, wie die Räder in einem solchen Winkel fixiert werden konnten, daß sie beim Drehen nicht an der »Karosserie« rieben und das Rennauto bremsten.

Ralph konnte schließlich auf eine reiche Erfahrung mit solchen Modellautos zurückgreifen, die er sich durch jahrelange Arbeit an den Rennautos seiner Söhne erworben hatte. In die Unterseite des Wagens bohrte er ein kleines Loch von etwa fünfzehn Millimetern und legte das Auto dann kopfüber auf eine Briefwaage. Dann stopften er und Grant in dieses Loch Schrotkörner hinein, eines nach dem anderen, bis der Wagen das vorgeschriebene Gewicht hatte. Genau fünf Unzen, nicht mehr und nicht weniger. Dann klebte er einen Holzspan über das Loch, und auf ging's zur Probefahrt.

Zur Premiere kamen wir alle hinaus in die Werkstatt — meine Mutter und Beau und Aber und ich. Ralph hatte ein Brett schräg gegen einen Stuhl gelehnt. Das Gefälle sollte die Anlauframpe der Rennbahn des Derby darstellen. Dann setzte er das Auto auf das obere Brettende und ließ es los. Der kleine weißgestrichene Wagen sauste davon, als würde er von einem Motor angetrieben, und blieb nicht stehen, bis er auf der anderen Seite des Raumes gegen die Wand schlug.

»Wow, Opa!« rief Beau.
Ralph atmete nur einmal tief ein und lächelte.

Es war ein Schock für uns, als wir ins Krankenhaus zurückkehrten und alles wie mit neuen Augen sahen. Dort war es genauso wie vorher, nur schlimmer, weil wir ein bißchen Abstand gewonnen und uns wieder daran erinnert hatten, wie die Welt da draußen aussieht.

Ben war begeistert, als er sah, was Opa Ralph mit seinem Derby-Rennwagen gemacht hatte. Der fuhr jetzt ganz schnell. Wirklich schnell. Ich sagte den Schwestern, daß wir am Samstag unbedingt pünktlich um zwölf Uhr losfahren müßten, damit wir zu Hause Bens Ausrüstung zusammenstellen und dann rechtzeitig um sieben Uhr am Rennplatz sein konnten. Grant sollte am Freitagabend nach der Arbeit zu uns herauffahren.

Aber am Freitag war Grant um elf Uhr nachts noch immer nicht da. Ich machte mir langsam Sorgen. Endlich läutete im *Ronald McDonald House* das Telephon.

Es war Grant. Seine Stimme klang gepreßt.

»Mach dir bitte keine Sorgen, Chris. Mir fehlt gar nichts.«

Mir wurde vor Schreck übel.

»Grant, was ist los? Wo bist du?«

»Ich bin in Carmel. Ich glaube, ich hatte einen Herzanfall, als ich gerade die Küche der Guzmans fertigmachte.«

»Du hattest WAS?«

Er erzählte mir, er hätte in der Küche nach dem Verfliesen gerade den Mörtel abgekehrt, als ihm einfiel, daß er noch vor neun Uhr in die Eisenhandlung mußte, um einen Aufhänger für die Spüle zu kaufen. Also ließ er alles stehen und liegen und lief in das Geschäft und aß unterwegs eine Tafel Schokolade, weil er seit dem Frühstück nichts mehr gegessen hatte. Dann fiel er wieder wie ein Wilder über den Mörtel her, weil der ja so schnell trocknete.

»Und dann hat es mich erwischt«, sagte er. »Ich hatte plötzlich einen furchtbaren Schmerz den ganzen Arm hinunter, bekam keine Luft und bin fast umgekippt.«

»Warst du beim Arzt?«

»Ich warte auf Dr. Rasband, er wird gleich kommen. Sobald er hier ist, rufe ich dich wieder an. Ich möchte nur nicht, daß du dir Sorgen machst!«

Keine Sorgen machen? — Ich konnte mich vor Schreck nicht rühren. Ich lag im Finstern auf dem Bett und malte mir das Schlimmste aus, denn jetzt wußte ich ja, daß auch das Schlimmste wirklich passieren konnte. Grant war erst einunddreißig. Aber es kommt vor, daß so junge Menschen an Herzanfällen sterben. Und Grant hatte unvorstellbar viel unter unvorstellbarem Streß gearbeitet.

Nein, nicht Grant! Grant durfte einfach nichts geschehen! Ich liebte ihn zu sehr. Ich brauchte ihn zu sehr. Er war meine Stütze, meine Kraftquelle, der einzige Mensch, der mir bei Bens Krankheit wirklich beistehen konnte. Was sollte ich tun, wenn er krank würde? Was sollten wir jemals ohne ihn tun?

Ich lag einfach da, starr vor Angst, und wartete auf das Läuten des Telephons. Ich wartete, daß er mich anrief und mir sagte, daß ihm nichts fehlte.

Als er endlich zurückrief, hatte er gute Nachrichten. Dr. Rasband hatte ihn gründlich untersucht und keinen Hinweis auf eine Herzattacke oder gar einen Infarkt gefunden. Seiner Meinung nach hatte Grant einfach zuviel gearbeitet, bei all dem Streß, den Sorgen und den sonstigen Belastungen. Da reagiert auch das Herz mal nervös, da kann es zu einem Schwächeanfall des Kreislaufs kommen. Endlich konnte ich einschlafen, vom Schreck erlöst, aber doch voller Sorgen. Wir mußten etwas finden, wie wir den Druck, der auf Grant lastete, erleichtern könnten. Vom Druck ganz befreien konnten wir ihn nicht.

Ich mußte ihn sehen. Ich mußte mich selbst davon überzeugen, daß alles in Ordnung war. Ich wußte ja, was alles auf ihm lastete, aber ich hatte alle Hände voll zu tun mit Bens Krankheit und mit den anderen Jungen, so daß ich wahrscheinlich gar nicht sehen hatte wollen, wie's ihm ging. Für mich mußte Grant stark und verläßlich und ... da, einfach dasein. Wenn Grant nicht da war, wußte ich nicht weiter. Ich konnte mir nicht vorstellen, daß mit Grant irgend etwas nicht stimmte, denn noch etwas, das nicht in Ordnung wäre — das könnte ich einfach nicht mehr ertragen.

Als Grant am nächsten Morgen ankam, war ich vor Freude außer mir. Zuerst drückte ich ihn an mich, so fest ich konnte, dann schaute ich ihm lange ins Gesicht, nach Spuren von Krankheit forschend. Aber er sah gesund aus. Grant sah gesund aus, und er sah gut aus. Er hatte noch immer die muskulöse Figur eines College-Sportlers und das Gesicht eines lieben Nachbarjungen.

»Bist du ganz sicher wirklich in Ordnung?« fragte ich ihn.

»Der Arzt hat es gesagt. Wirklich, mir fehlt gar nichts.«

»Du würdest es mir ja sagen, oder?«

»Aber natürlich, Chris. Das weißt du doch. Es ist nur der Streß. Komm, wir müssen losfahren.«

Damit wischte er den Vorfall von gestern abend einfach weg, als wäre nichts gewesen. Vielleicht war's ja auch nichts. Vielleicht war ich zu nervös. Vielleicht machte ich mir zu viele Sorgen. Vielleicht konnte ich gar nicht mehr anders, als mir Sorgen zu machen. Nun gut, Grant sagte, ihm fehlte nichts, und ich glaubte ihm. Ich wollte ihm glauben.

Eilig packten wir alles in den Wagen und holten dann Ben, damit er noch am selben Abend an dem Pinewood-Derby teilnehmen konnte.

Die Abfahrt aus dem Krankenhaus kam uns immer wie ein Triumph vor. Diesmal freuten wir uns noch dazu besonders auf die Heimfahrt. Ben brauchte jetzt auch zu Hause ständige medizinische Aufsicht, aber die *California Children's Society*, jene Stelle, die die Krankenschwestern bisher bezahlt hatte, war in finanzielle Bedrängnis geraten. Drei Wochen lang hatte das Krankenhauspersonal sich bemüht, mit Hilfe von *Medi-Cal* eine Heimpflege für uns zu organisieren. Endlich hatte es geklappt, und wir waren auf dem Weg nach Hause.

Aber schon die Abfertigung im Spital dauerte jetzt furchtbar lange. Ben brauchte so viele Medikamente und so viele Geräte, daß wir mit Verspätung abfuhren. Dann gerieten wir in einen Stau. Es war schon fast sechs Uhr, als wir zu Hause ankamen, und Ben sagte, er wäre müde und möchte sich hinlegen. Das Derby fing um sieben an.

Beau stand dabei und schaute zu, wie ich um Viertel vor sieben versuchte, Ben aufzuwecken, aber er kam nicht einmal aus dem Bett.

»Ich kann nicht, Mami«, murmelte er.

Beau wußte, wie sehr sich Ben auf das Rennen gefreut hatte. Und wie sehr es ihn bekümmern würde, wenn er es versäumte. Er und Aber waren auch aufgeregt. Sie wollten unbedingt mitgehen und ihren großen Bruder anfeuern.

»Ben, soll ich ihn für dich laufen lassen?« fragte Beau.

»Das wäre toll, Beau...« Ben brachte kaum die Worte heraus und fiel sofort wieder in Schlaf.

Also blieb ich mit Ben zu Hause, während Grant und Aber zuschauten, wie Beau mit den großen Jungen den kleinen Wagen an den Start brachte. Sie kamen aber nicht rechtzeitig hin, so daß die Vorläufe schon vorbei waren und der Wagen gegen den Gewinner von Bens Gruppe antreten mußte.

Beau brachte Bens Wagen oben auf der Rampe in Stellung, neben dem Siegerwagen des anderen Jungen, und beide ließen ihre Wagen gleichzeitig los, um zu sehen, wer als erster die Ziellinie erreichte.

Bens Wagen gewann haushoch. Dann ließ Beau den Wagen auch noch gegen den Sieger in der Pfadfindergruppe antreten. Und er gewann.

Beau gewann den großen Preis. Oder vielmehr, wie Beau sagte, Ben gewann den großen Preis.

»Du bist Sieger, Ben! Du bist Sieger!« brüllte Beau, kaum daß er einen Fuß ins Haus setzte. »Du bist der Sieger vom ganzen Derby!«

VIII
»Papa hat das Kinderbett kaputtgemacht!«

Ich weiß nicht, wer stolzer auf den Sieg beim Pinewood-Derby war, Ben oder Beau.

Wochenlang wurde jede kleinste Einzelheit des Rennens immer wieder neu beschrieben und diskutiert. Ben konnte nicht genug davon bekommen, es machte ihm immer wieder Freude, davon zu hören. Es war ein besonderer Triumph in seinem Leben, das nicht mehr viele Triumphe kannte.

Für Beau bedeutete dieser Sieg im Derby, daß er etwas für Ben getan hatte. Etwas, das Ben nicht für sich selbst hatte tun können und womit Beau sich Bens Respekt verdient hatte. Es ist für jüngere Brüder gar nicht leicht, die Achtung des großen Bruders zu gewinnen, aber diesmal war es Beau wirklich gelungen. Und nichts bedeutete Beau soviel wie Lob von Ben.

Dieses Pinewood-Derby war etwas, das wir, als Eltern, beim besten Willen nicht für Ben hätten organisieren können. Ich wußte in meinem Herzen, daß weder Ben noch Beau dieses Erlebnis je vergessen würden. Das war wirklich ein Geschenk, das sie einander gegeben hatten.

Von den nächsten zwei Wochen weiß ich nur noch, daß Bens Schmerzen schlimmer wurden. Nicht vergessen kann ich den 2. Mai. Am Abend hatte Ben wieder einen Anfall.

Diesmal war ich dabei, als es begann. Es begann um Punkt elf Uhr nachts, bei der Ablösung der Schwestern, so daß beide Schwestern da waren. Sie gaben ihm sofort die für solche Notfälle vorgesehenen Medikamente, die ich an Bens Zimmerwand gehängt hatte. Grant und ich hielten Ben fest, und ich konnte die Krämpfe, die Bens Körper immer wieder schüttelten, deutlich spüren.

Für mich war dieser Anfall noch schrecklicher als der erste. Nicht etwa, weil er stärker gewesen wäre — er war im Gegenteil deutlich schwächer. Aber diesmal war Ben wach, als es anfing. Diesmal würde er sich daran erinnern. Und ich wußte, daß er sich fürchten würde.

In dieser Nacht saß ich eine oder zwei Stunden an seinem Bett und sah nur immer in sein schlafendes Gesicht.

Es war jetzt fast ein Jahr her, daß bei Ben Aids festgestellt wurde. Einundfünfzig Wochen dauernden Erbrechens, dauernden Durchfalls, fast ein Jahr mit Husten, Infektionen und Schmerzen, die seinen nur noch fünfundvierzig Pfund schweren Körper umklammerten. Er hatte eigentlich alles ohne Klage hingenommen.

Aber wieviel konnte er noch ertragen? Wie viele weitere »Symptome« würden noch dazukommen?

Ich hörte den Arzt wieder sagen: »Fünfundachtzig Prozent sterben innerhalb eines Jahres. Fünfundachtzig Prozent.«

Ich war so konfus, so innerlich zerrissen. Es gab nur zwei Wünsche, die ich unbedingt erfüllt haben wollte: daß Ben am Leben blieb und daß er keine Schmerzen zu leiden brauchte.

Jetzt auf einmal schien es nicht mehr möglich, beides zu vereinen.

Als wir Ben wieder ins Krankenhaus brachten, setzten die Ärzte ihn unter Morphium. Jetzt war Ben derart benommen, daß er uns die meiste Zeit gar nicht erkannte. Wenn wir versuchten, mit ihm zu sprechen, verdrehte er die Augäpfel nach oben und sank ins Kissen zurück.

Eine Schwester erklärte uns, daß alles bestens sei, daß man ihn jetzt auf seinen Schmerzpegel »einstelle«. Solange er »Reaktionen zeige«, wäre ohnehin alles in Ordnung...

Aber es war nicht alles in Ordnung. Wenn Grant und ich

am Morgen zu ihm kamen, versuchte Ben, ein paar Worte herauszubringen, aber er lallte nur, so daß wir ihn nicht verstehen konnten. Dann fiel er wieder zurück in seine Erstarrung.

Am dritten Tag versuchten wir, ihn wachzurütteln: »Ben? Ben? Kannst du mich verstehen?« fragte Grant.

»Yeah...«, und seine Augäpfel rollten wieder nach oben.

»Benny, hör mir zu, Schatz«, sagte ich. »Möchtest du nicht Danny sehen und mit Beau und Aber spielen?«

Er gab keine Antwort.

»Du willst doch nicht so weiterleben, oder?«

»Mir geht's gut...« lallte er.

Es war zwecklos.

Zum ersten Mal protestierten Grant und ich gegen Bens Behandlung durch die Krankenhausärzte. Sollte Ben denn wirklich auf diese Art den kurzen Rest seines Lebens verbringen? Ob er jetzt noch zwei Tage oder noch zwei Jahre am Leben blieb, er sollte doch wenigstens wissen, daß er lebte!

Schließlich gingen wir zu dem Arzt, der Ben jetzt behandelte, und ersuchten ihn, er möge einen anderen Weg finden, um Bens Schmerzen zu lindern. Er war von unserer Bitte überrascht. Die Hauptsache war doch, seiner Meinung nach, daß Ben keine Schmerzen mehr hatte. Wir erklärten ihm, daß das Medikament mehr beseitigt hatte als nur die Schmerzen; es hatte uns auch unseren Sohn genommen. Er erklärte sich einverstanden, einen Schmerzspezialisten hinzuzuziehen und mit ihm gemeinsam eine andere Schmerzbehandlung zu suchen.

Nachdem er Bens Fall den ganzen Nachmittag studiert hatte, schlug der Spezialist vor, ihm synthetisches Morphium zu geben, das auch die Schmerzen lindern, Ben aber nicht in solche Benommenheit stürzen würde. Allerdings würde das Gelingen dieses neuen Planes von Ben selbst abhängen. Er mußte sich den Schwestern verständlich machen können, ihnen so zutreffend wie möglich die Intensität seiner Schmerzen beschreiben, so daß sie immer genau wußten, wieviel von dem Medikament sie ihm zu geben hätten. Auf diese Weise bekäme er nie zuviel oder zuwenig von dem Schmerzmittel. Und wenn alles glattging, hatte man den Schmerz dennoch unter Kontrolle.

In der Nacht begannen die Schwestern, das Morphium abzusetzen. Grant kam und gab seinem halb betäubten Sohn einen Gute-Nacht-Kuß. Er mußte zurück nach Carmel — schon wieder. Wann würde ich mich an diese Trennungen gewöhnen? Es fiel mir schwerer und schwerer, Grant auf den Parkplatz zu begleiten und ihm dann nachzusehen, wie er mit seinem Kombiwagen im Finstern davonfuhr.

Als ich später im Ronald-McDonald-Haus zu Bett ging, fand ich auf meinem Kopfkissen einen Brief von Grant:

Liebe Chris,
nur ein paar Zeilen, um Dir zu sagen, wie sehr ich Dich liebe. Ich muß Dir sagen, wie sehr ich Dich in den letzten Wochen und Monaten vermißt habe. Besonders, wenn ich zu Hause war.

Es gibt nichts in unserem Heim, das mich nicht an Dich erinnern würde. Wenn ich in die Einfahrt biege, sehe ich die Blumen, die Du in unserem schönen Garten gepflanzt hast. Drinnen ist alles von Dir gemacht und ausgesucht. Du erfüllst unser Heim mit Schönheit, Ordnung und Glück.

Glaub mir, ich habe mich sogar nach Deinem schönen schlafenden Gesicht neben mir im Auto gesehnt und hätte gern Deine Hand gehalten.

Du machst mich so glücklich. Mit so einem Vorbild vor Augen werden es die Jungen einmal nicht leicht haben, ihre Wahl zu treffen. Aber sie werden es schon gut machen.

Du bist mir so lieb und unersetzlich. Ihr alle fünf. Wenn Du nicht da warst, habe ich jeden Moment an Dich gedacht und gebetet, daß wir bald wieder alle beisammen sind.

In Liebe,
Grant.

Ich weinte — aber diesmal vor Freude — und schlief ein.

Am nächsten Morgen wachte ich mit frischer Entschlossenheit auf. Ich mußte Ben aus dem Bett bekommen. Nicht nur aus dem Bett, sondern hinaus ins Freie. Hinaus in die Sonne und die frische Luft. Vielleicht würde das den Nebel von seinem Hirn fortblasen.

Es war ein schöner Frühlingstag, wir hörten die Vögel zwitschern, als wir uns nebeneinander in den Park setzten. Wir saßen einfach da und schauten auf Gras und Himmel.

»Ich hab' Angst, daß es weh tun wird«, sagte Ben.

»Wir finden schon ein anderes Medikament, Ben.«

»Ich meine, wenn ich sterbe.«

Ich schaute Ben an, und mein Herz stand still. Auf seinem Gesicht zeichnete sich vollkommene Ergebung ab. Keine Panik, keine Angst. Nichts von der Verwirrung und von dem Protest in meinem eigenen Herzen. In seinem Gesicht war zu lesen: Ich weiß, daß das geschieht, ich akzeptiere es, ich bin bereit, aber ich brauche ein bißchen Hilfe.

Selbst jetzt wollte ich ihm sagen, daß er nicht recht hatte, daß er nicht sterben würde. Selbst jetzt drängte es mich instinktiv danach, ihm zu sagen, daß schon alles gutgehen würde.

Aber ich brachte es nicht heraus, denn es war nicht die Wahrheit. Ben brauchte jetzt keine verängstigte, sondern eine ehrliche Mutter. Das war die Hilfe, die er von mir erwartete.

»Ben, mein Kind, hast du Angst vor dem Sterben?«

Ben schüttelte den Kopf.

»Nein, Mami, ich habe nur Angst, daß es weh tut.«

»Ach, Benny, das kann ich verstehen, weil du schon so

arge Schmerzen gehabt hast. Aber es wird nicht weh tun, das verspreche ich dir. Ich werde dafür sorgen, daß du die richtigen Schmerzmittel bekommst, damit du nichts spürst. Und wir können gleich jetzt darum beten, daß der Heilige Geist dir Mut gibt, okay?«

Er nickte. Aber ich sah ihm an, daß er noch immer Angst hatte ... nicht viel, aber ein bißchen.

»Hast du jetzt Schmerzen?«

»Nur ein bißchen. Nicht sehr arg.«

»Auf einer Skala von eins bis zehn, wobei zehn das Ärgste ist, wie würdest du deine Schmerzen jetzt einschätzen?«

Er überlegte.

»Es ist nicht schlimm, Mami. Es ist nur zwei.«

»Ben, ich sag dir was. Ich hab viel mit den Schwestern geredet. Sie sagen, wenn du ihnen den Schmerz genau zwischen eins und zehn angeben kannst, dann geben sie dir immer genau soviel Medizin, wie du brauchst, damit es dir gutgeht. Was hältst du davon?«

»Klingt gut, Mami.«

»Ach, Benny, ich würde so gern mit dir tauschen. Das hab' ich mir schon so oft gewünscht, damit nicht du das alles durchmachen mußt.«

»Das weiß ich schon, Mami. Aber das würde ich dich nie tun lassen.«

Ich sah ihn an. Obwohl ich mich heftig bemühte, nicht zu weinen, konnte ich die Tränen nicht zurückhalten. Ich wollte tapfer sein für Ben, aber der Tapfere war nur er.

Dann bat mich Ben um einen Gefallen — später dachte ich: sicher mehr um meinet- als um seinetwillen.

»Kannst du mich bitte im Arm halten und wiegen, wie du das getan hast, als ich klein war?«

Er schlang mir die Arme um den Hals, und ich wiegte ihn in meinen Armen. Ich weiß nicht, wie lange wir so auf dieser Bank saßen.

Ich erinnere mich an die Freude und die innige Wärme,

meinen Sohn so im Arm zu halten, und ich dachte an die vielen Stunden, die ich ihn als Baby so im Arm geschaukelt hatte. Meinen Erstgeborenen. Und ich wünschte, dieser Augenblick würde ewig dauern.

Anfang Juni hatte Grant wieder einen Herzanfall. Er hatte das Gefühl, ersticken zu müssen, er bekam keine Luft. Sein Herz klopfte heftig, und er fürchtete, das Bewußtsein zu verlieren. Man brachte ihn in eine Intensivstation.

Der behandelnde Arzt bestätigte Dr. Rasbands Diagnose. Grant hatte einen weiteren »Streßanfall«. Der Arzt schlug vor, Grant solle einen Psychologen konsultieren, sich ein bißchen von der Arbeit freinehmen und möglichst den Streß in seinem Leben abbauen. Leicht gesagt!

Diesmal machte ich mir ernste Sorgen. Grant hatte den ersten Anfall bagatellisiert. Aber offenbar war wirklich etwas nicht in Ordnung, nur wußte ich nicht, was man dagegen tun sollte. Ich fühlte mich hilflos.

Und wie sollten wir den Streß in seinem Leben abbauen? Überall, wo wir hinsahen, lauerte der Streß, in seinem Leben ebenso wie in meinem.

Ich drängte Grant, er solle vorübergehend ganz zu arbeiten aufhören. Wir würden schon irgendwie durchkommen. Er schlug ein langsameres Tempo ein, aber ganz aufgeben konnte er die Arbeit nicht: erstens, weil wir das Geld brauchten, zweitens, weil er Aufträge übernommen hatte, die er zu Ende führen mußte. Es blieb ihm nichts anderes übrig, als eine Beruhigungspille zu nehmen, wenn er einen Anfall nahen fühlte, und sich hinzulegen.

Bisher hatten Grant und ich einander immer gegenseitig gestützt und getröstet. Immer war es möglich gewesen, die Bürde des einen so zu verschieben, daß der andere sie mittrug. Wenn Grant gedrückt war, dann richtete ich ihn auf. Wenn ich mir verloren und besiegt vorkam, war er für mich da, stark und verläßlich.

Aber jetzt hatten wir beide keine Kraft mehr. Wir konnten einander nicht mehr tragen helfen. Für die Familie sorgen, sich um Ben kümmern und immer daran denken, daß wir ihn verlieren würden, das hatte uns die gesamte Kraft gekostet, die wir beide je gehabt hatten.

Ich fühlte mich einsam. Als ob wir jeder nur für sich kämpften. Grant wußte, daß ich am Ende war. Und ich wußte, daß ich ihn nicht noch mehr belasten durfte.

Aus Sorge um Grants Gesundheit belastete ich ihn nicht mehr mit den kleinen Krisen in unserem Alltag: den Haushaltsproblemen, dem Streit zwischen Beau und Aber, Beaus Ringen, mit dem Verlust des großen Bruders fertig zu werden.

Beau wollte oft am Abend noch mit mir reden, wenn ich vor Erschöpfung nicht mehr aus noch ein wußte und Aber und das Baby endlich zur Ruhe bringen wollte. Eines Abends war Danny endlich eingeschlafen, als Aber anfing, von Bett zu Bett zu hüpfen. Danny hatte mich schon die ganze letzte Nacht kaum schlafen lassen, und Beau konnte sehen, daß ich am Ende meiner Kraft war.

Eben als ich dachte, daß ich dieses Toben keine Minute länger aushalten könnte, zog Beau Aber mit sich unter die Decke.

»Ich bin müd«, verkündete er, »komm, schlaf ein, Aber!«

»Ich bin auch müd«, machte Aber ihn nach, »komm, einschlafen, Mami!«

»Gute Nacht, Buben«, rief ich ihnen dankbar zu. Beaus plötzliche Müdigkeit schien mir sonderbar, aber ich war natürlich sehr froh darüber.

Ich war schon fast eingeschlafen, als ich plötzlich Beau im Finstern flüstern hörte.

»Aber haben wir hineingelegt, gelt, Mami?«

Trotz meiner Erschöpfung mußte ich lachen. »Ja, Beau. Dank dir, daß du an mich gedacht hast. Du bist für Aber ein guter großer Bruder. Also, gute Nacht, schlaf gut!«

Die Stille dauerte vielleicht zehn Sekunden.
»Mami?«
»Ja?«
»Aber hat Angst, Mami.«
»Warum? Wovor hat er Angst?«
»Er hat Angst, weil Ben stirbt.«
Ich konnte Beau im Dunkeln schniefen hören, offenbar sollte ich nicht merken, daß er weinte. Ich ging an sein Bett und drückte ihn an mich. Er war so ein robuster kleiner Junge, später einmal, wenn er erwachsen war, würde er von außen so stark wirken, daß keiner auf die Idee käme, wie zart und sensibel er innerlich war.

»Weinen ist keine Schande, Beau. Ich weine ja auch. Wir wissen nicht, was mit Ben geschieht. Aber weißt du noch, wie wir darüber geredet haben? Daß man vor dem Sterben keine Angst zu haben braucht? Und daß wir im Himmel alle wieder beisammen sein werden? Kannst du dich daran erinnern und es Aber sagen?«

»Yeah. Aber Mami, ich will nicht, daß Ben stirbt. Ich will wirklich nicht, daß Ben stirbt. Ich möchte, daß er hier bei uns bleibt.«

»Ich weiß ja, mein Kleiner, ich weiß.«

Es wurde Juni, bis sich eine Hausbetreuung für Ben fand. Seine medikamentöse Behandlung war jetzt so kompliziert geworden, daß die Anweisungen auf drei vollgetippten Schreibmaschinenseiten gerade noch Platz fanden. Wir nahmen Jaap auf ein paar Tage mit uns nach Hause, denn nachher wollte er über den Sommer nach Holland fahren.

Während seines kurzen Besuches zeigte Ben Jaap alle seine Lieblingsorte in Carmel. Oscar Hossenfellder's Karussell. Den Park mit der Riesenrutsche, die Jaap ausprobieren mußte. Die steile Straße, wo Ben mit Beau auf dem Rad zur Schule gefahren war. Die unscheinbaren Blumenknollen, die jetzt bereits lange grüne Blätter hervorbrachten.

Achtes Kapitel

»Ich hoffe, ich sehe dich wieder«, sagte Jaap zu Ben, als wir ihn zum Flugzeug brachten. Soviel ich wußte, war das das erste Mal, daß Jaap Ben gegenüber zugab oder durchblicken ließ, er wisse, daß er sterben werde.
»Aber sicher«, antwortete Ben.

Grant und ich hätten dieses Jahr sicher nicht überstanden ohne das solide Fundament unserer Ehe. Grant war für mich immer eine Quelle der Kraft. Ich brauchte ihn, ich mußte mich auf ihn verlassen können. Aber plötzlich schien es, als wäre er nicht mehr da.

Wenn er eine Streßattacke kommen fühlte, mußte er sich hinlegen und eine Beruhigungspille schlucken. Und ich bekam jedesmal panische Angst, wenn ich sah, wie er zu hecheln begann und trotzdem keine Luft bekam.

Ich konnte ihm meine Probleme nicht sagen, weil ich ihm nicht noch mehr Streß zumuten durfte. Aber ich brauchte ihn. Auch ich hatte sehr viel Streß zu bewältigen. Aber ich konnte keine Beruhigungspille nehmen und mich hinlegen. Das ging einfach nicht. Irgendwie mußte ich weiter funktionieren. Bisher war es immer gegangen, weil ich wußte, daß Grant da war. Aber jetzt hatte ich keine Stütze mehr. Keinen Grant mehr, der mir sagte, daß schon alles gutgehen würde. Keinen Grant, um mir zu versichern, daß wir schon alles durchstehen würden. Keinen Grant, der mir half, der mir Sicherheit gab.

Ich fing an, ihm das innerlich vorzuwerfen. Ich fühlte, daß er mich im Stich ließ. Aber ich konnte nicht mit ihm darüber reden, denn das hätte sofort zu einem neuerlichen Anfall geführt. Also zog ich mich in mich selbst zurück.

Mir kam es jetzt so vor, als folgten unsere Leben parallelen Bahnen, die sich nie berührten. Das war um so unerträglicher, als es noch nie so gewesen war. Was auch geschehen war — miteinander reden konnten wir bisher immer.

Mir gefiel es nicht, wie wir jetzt lebten. Mir gefiel die

Entfernung nicht, die sich zwischen uns ergeben hatte. Irgendwo hatte ich gelesen, daß viele Paare sich scheiden ließen, wenn sie ein Kind verloren hatten, weil sie dem Schmerz und dem Leid nicht gewachsen waren. Uns konnte das nicht passieren — doch nicht Grant und mir. Unsere Ehe war für die Ewigkeit. Wenn wir Probleme hatten, so betrafen sie immer uns beide — nicht Grant allein, nicht mich allein. Und wir mußten sie gemeinsam bewältigen.

Als ich eines Nachmittags nach Hause kam, liefen mir Beau und Aber tränenüberströmt entgegen. »Papa hat das Kinderbett kaputtgemacht!« riefen sie.

Sie führten mich ins Haus und zeigten mir Dannys kleines Bett. Am Kopfende, direkt über den kleinen Lämmchen in Pastellfarben, war ein Loch von der Größe einer Faust. Mein Magen verkrampfte sich, als ich das zertrümmerte Bettchen sah, in dem Grant selbst als Baby geschlafen hatte. Was ich da sah, ergab einfach keinen Sinn. Grant hatte das getan? Grant Oyler? So etwas hatte ich noch nie erlebt. Das sah ihm einfach nicht ähnlich.

Ich bemühte mich, die Buben zu beruhigen. Papa hätte in der letzten Zeit zuviel gearbeitet, erklärte ich ihnen, er wüßte gar nicht mehr, was er tat. Als sie sich beruhigt hatten und wieder zu spielen anfingen, legte ich Danny ans andere Ende seines Betts und ging dann in unser Schlafzimmer. Grant saß am Bettrand, den Kopf in den Händen vergraben.

„Grant, was ist passiert?«

»Ich weiß es nicht.«

Er saß da und sagte nichts.

»Du weißt nicht, wie du das Bett zerschlagen hast?«

»Ja . . ., nein. Ich meine, ich weiß nicht, warum. Ich weiß nicht, was über mich gekommen ist. Die Jungen fingen zu streiten an, und das Geschrei hörte nicht auf, und da . . . ich verlor die Beherrschung und schlug auf das Bett ein. Es war einfach bei der Hand. Es tut mir leid. Ich schäme mich schrecklich. Können wir das Loch nicht mit einer Wolke aus Sperrholz zudecken?«

Die kleine Szene auf dem Kinderbettchen war so zart, so fein gemalt. Ich konnte mir lebhaft vorstellen, wie das aussehen würde, eine plumpe, dicke Sperrholzwolke über die zarten Lämmchen zu kleben. Die Idee war... typisch Grant. Zu glauben, man könnte etwas einfach zudecken und dann so tun, als wäre es nicht da.

»Vergiß das Kinderbett, Grant. Was passiert ist, ist passiert. Aber um dich mache ich mir Sorgen. Um dich und mich und die Jungen. Wir brauchen dich, Grant. Ich brauche dich. Ich brauche dich mehr als je zuvor in meinem Leben. Und ich kann mich überhaupt nicht mehr auf dich verlassen. Ich kann nicht einmal mit dir darüber reden.«

»Wie soll ich denn mit dir reden, wenn du die ganze Zeit so gereizt bist?«

»Findest du nicht, daß ich ein Recht habe, gereizt zu sein, wenn du dich hinlegst und deine Streßanfälle bekommst und mir alles ganz allein überläßt? Alles. Ben, die Jungen, das Baby, das Haus. Grant, so warst du früher nie. Du warst immer da, wenn ich dich gebraucht habe.«

»Alle brauchen mich. Verstehst du das nicht, Chris? Alle verlassen sich auf mich, und ich enttäusche sie alle. Wenn ich bei der Arbeit bin, habe ich ein schlechtes Gewissen, weil ich bei dir und Ben sein sollte. Ich möchte bei euch sein, aber ich kann nicht. Und wenn das Wochenende kommt und ich bei euch bin, habe ich ein schlechtes Gewissen, weil ich eigentlich arbeiten sollte. Nie kann ich meine Termine einhalten, nichts kann ich rechtzeitig fertigmachen, alle Kunden sind dauernd böse auf mich. Ich kann es niemandem mehr recht machen, nicht dir, nicht Ben, nicht den Kunden, nicht Beau und Aber. Das, was ich tun möchte, und das, was ich tun muß, läßt sich einfach nicht mehr verbinden. Ich habe immer versucht, für dich da zu sein. Wirklich, so ist es, glaube mir! Aber jetzt brauche ich dich, und du bist auch nicht da. Warum? Warum bist du nicht für mich da, wenn . . . ich dich brauche?«

Grants Worte erschütterten mich. Er hatte recht. Ich war nicht fair zu ihm. Auch nicht verständnisvoll. Aber brauchte Grant mich denn genauso, wie ich ihn brauchte? Brauchte er mich als emotionale Stütze? Von uns beiden war doch immer er der Starke gewesen.

»Ich wollte dir ja helfen, Grant. Ich habe versucht, mit dir zu reden. Deinen Schwierigkeiten ins Auge zu sehen. Dich dazu zu bringen, daß du tust, was der Arzt gesagt hat: dir mit der Arbeit mehr Zeit zu lassen, zum Psychologen zu gehen. Aber du tust es nicht. Du willst mit mir nicht darüber sprechen, und du willst nicht mit dem Psychologen sprechen. Du tust so, als würden die Probleme von selber verschwinden. Das tun sie aber nicht.«

Grant blickte auf — er hatte Tränen in den Augen.

»Es tut mir leid«, sagte ich, »aber wieso glaubst du, ich könnte dir noch etwas geben? Mein ältester Sohn liegt im Sterben, ich habe zwei andere kleine Jungen, ich muß mich um ihre emotionalen Bedürfnisse kümmern, und dazu habe ich noch ein neues Baby. Vielleicht bin ich ausgebrannt. Ich werfe dir ja nicht deine Streßanfälle vor. Aber ich werfe dir vor, daß du selber nichts dazutust, damit du wieder gesund wirst.«

»Vielleicht will ich nicht gesund werden, okay? Vielleicht weiß ich auch nicht, wie. Ich verstehe ja gar nicht, was los ist. Der Arzt sagt mir nur, ich soll eine Pille nehmen, wenn es wieder losgeht. Und was hat ein Psychologe damit zu tun? Der Schmerz ist in meiner Brust!«

Er saß ganz still da.

»Chris, ich hab solche Angst. Und solche Wut. Da drinnen liegt Ben und stirbt, und ich kann überhaupt nichts dagegen tun. Kannst du dir vorstellen, wie mich das innerlich trifft, wenn ich nur daran denke? Mein ganzes Leben lang hat mein Vater alles für uns getan. Ganz gleich, was schiefging, er hat immer alles wieder in Ordnung gebracht. Aber jetzt, wo mein Sohn mich wirklich ganz dringend braucht... Chris, ich kann nichts für ihn tun. Gar nichts.«

Er machte mit seiner rechten Hand eine Faust und wollte sie gegen die Handfläche seiner Linken schlagen, hielt aber mitten in der Bewegung inne, beugte sich zu mir herüber, nahm mich in die Arme und fing heftig zu weinen an. Ich drückte ihn fest an mich und weinte mit ihm.

»Grant, so schwer das auch für uns ist, wir dürfen einander nicht mehr verletzten. Ben braucht uns, er braucht uns beide. Wir müssen ihn lieben, und wir müssen einander lieben!«

Ich glaube, daß Grant erst jetzt, von diesem Tag an, aufhörte, mit dem Wunder zu rechnen, daß Ben wieder gesund würde. Er hatte so lange an dieses Wunder geglaubt. Dieser Glaube hatte ihn durch die einsamen Stunden getragen, die er fern von seiner Familie verbringen mußte. Ich hatte die Hoffnung auf dieses Wunder schon lange aufgegeben... Aber das hieß nicht, daß Grants Glaube stärker war als meiner. Es hieß auch nicht, daß ich realistischer war als er.

Wir waren einfach zwei verschiedene Menschen, die denselben Jungen liebten, die alles für ihn tun wollten, jeder auf seine Weise. Es gab nicht die eine richtige Weise, um mit Bens Sterben fertig zu werden; es gab auch keine falsche. Es gab nur Grants Weise, und meine Weise.

Aber jetzt war es Zeit, diese Unterschiede zu vergessen. Zeit, unseren eigenen Schmerz zu vergessen und uns ganz auf unseren Sohn zu konzentrieren. Ben hatte eine neue Reise vor sich, eine Reise, von der wir viel gehört, die wir aber selbst noch nie gemacht hatten.

IX

»Die meisten sehen ein Licht«

Ich kam am nächsten Morgen gerade aus der Dusche, als ich draußen Beau und Aber begeistert rufen hörte.

»Bravo, Ben!«

»Nur weiter so, Ben!«

Ich wischte das beschlagene Badezimmerfenster ab und schaute hinaus in den Garten. Da stand Ben in seinen schlotternden Jeans mit Hosenträgern und hielt einen Baseballschläger in der Hand.

Grant stand mit einem Softball in der Hand ungefähr zwei Meter von ihm entfernt und warf Ben den Ball zu, langsam, ganz vorsichtig. Jedesmal schwang Ben die Keule unsicher — und traf daneben. Dann ging Grant zu ihm, holte den Ball und begann wieder von vorne. »Ja, so ist's richtig, Ben. Halt den Schläger hinauf. Bist du sicher, daß es dir nicht zuviel ist? Okay, noch einmal. Schwing den Schläger gerade, du mußt nicht holzhacken. Komm, Ben, du kannst es!«

Es war herzzerreißend mitanzusehen, wie Vater und Sohn sich bemühten, nachzuholen oder vorauszunehmen, was ihnen durch den Tod versagt bleiben würde.

Ich dachte an unser Abkommen auf dem Golfplatz, bevor wir heirateten: daß ich die Kinder bis zu ihrem zwölften Jahr übernehmen sollte, dann würde Grant mich ablösen. Aber Grant mußte auf seine Zeit mit Ben verzichten.

In diesem Jahr hätte Ben in der Little League zu spielen begonnen, aber Grant würde keine Gelegenheit mehr haben, Ben beim Spiel anzufeuern. Und nie würde er erfahren, ob sein kleiner Junge nicht eines Tages den Vater beim Golf besiegen würde.

Er hatte keine Gelegenheit mehr, Ben mit fester Hand

durch die Pubertät zu führen oder bei der Überreichung seines High-School-Diploms zu applaudieren ... oder seinem Sohn als Mann gegenüberzutreten.

Wie würdest du wohl als Erwachsener aussehen, Ben? Als du noch ein Baby warst, da stellte ich mir immer vor, wie du in deinem ersten Jahr auf dem College in den Weihnachtsferien nach Hause kämest. Wie du die Einfahrt herauflaufen, deinen Koffer im Eingang fallen lassen und mich fest umarmen würdest. Und dann würdest du nur so heraussprudeln und mir alles erzählen über dein neues Leben, deine neuen Freunde, deine Interessen.

Ich hatte mir schon ausgemalt, was das für ein Gefühl wäre, diese bittersüße Mischung aus Stolz und Bedauern, wenn man erkennt, daß der eigene Sohn jetzt ein Mann ist.

Nein, genug damit! Ben ist ja noch bei uns. Da draußen vor dem Fenster.

Plötzlich hörte ich ein Geräusch, ein vertrautes Geräusch — das weiche, aber entschlossene Klatschen, mit dem ein hölzerner Schläger auf das Leder eines alten Softballs trifft. Ich schaute gerade noch rechtzeitig hinaus, um zu sehen, wie der Ball über das Gras flog und die Jungen klatschten und Grant zu seinem Sohn rannte und ihn hoch in die Luft hob.

Ben strahlte. Glücklich, triumphierend.

»Ben, du hast's geschafft!« rief Grant.

»Super, Ben, Spitze!« brüllte Beau.

Grant fiel es schwerer als mir, sich damit abzufinden, daß Bens Leben nur so kurz war. Denn so kurz sein Leben auch sein mochte, ich hatte den größten Teil davon mit ihm verbracht, und wir waren glücklich miteinander.

Doch Grant fühlte sich um Ben betrogen.

Die Psychologin, die er schließlich doch aufsuchte, schlug ihm eine bestimmte Technik der Streßbekämpfung vor. Zuerst mußte er die Augen schließen und sich vorstellen, er befände sich an einem wunderschönen, friedlichen Ort. Was er vor sich sah, sagte er, sei eine Frühlingswiese in den hohen Sierras, wo er vor Jahren einmal mit seinen Eltern gewandert war. Und dann sah er seinen Großvater, seine Großmutter und andere Menschen, die er liebte, die aber schon tot waren, neben sich sitzen.

Diese kleine Übung brachte Grant noch mehr, als nur den Streß in seinem Leben zu verringern. Irgendwie vermittelte sie ihm auch die Einsicht, daß Ben nie allein sein würde. Nicht in diesem Leben und nicht im nächsten Leben. Daß es viele Menschen gab, die Ben liebten und sich um ihn kümmerten und die auch dort für ihn dasein würden, wohin wir noch nicht gehen konnten. Nachdem wir Ben ans Tor zum Tod begleitet hatten und ihn allein hindurchgehen ließen, würden sich ihm liebevolle, vertraute Arme entgegenstrecken, um ihn auf die andere Seite zu führen.

Manchmal hatte ich das Gefühl, daß Beau derjenige war, den Bens Tod am härtesten traf.

Beau war noch zu jung, um zu begreifen, daß der Tod ein Teil des Lebens ist, aber auch schon zu groß, um nicht zu sehen, wie sehr Ben litt. Beau kannte kein Leben ohne Ben. Er konnte sich an keine Zeit ohne Ben erinnern. Er konnte sich ein Leben ohne Ben nicht vorstellen. Ohne Ben, den er immer um Rat fragen konnte, der seine Streitereien mit Aber schlichtete, der immer mit ihm spielte.

Ben war nicht nur Beaus bester Freund, er war sein großer Bruder, sein Ideal und Vorbild. Ich glaube nicht, daß Beau jemals imstande war, Ben losgelöst von seiner Stellung als großer Bruder zu sehen. Für ihn war beides untrennbar in Bens Person vereinigt.

Grant und ich waren dabei, als Beau, wie ich glaube, schließlich voll und ganz erkannte, daß er seinen großen Bruder verlieren würde. Es war an einem Nachmittag, als sie mit den Transformern spielten, diesen komplizierten Plastikspielsachen, die sich aus Robotern in Autos und Flugzeuge und wieder zurückverwandeln lassen.

Plötzlich entspann sich ein kleiner Streit zwischen den beiden.

»Das ist meiner«, sagte Beau.

»Nein, nein, das ist meiner«, rief Ben.

»Nein, der Gobot gehört mir. Der Autobot gehört dir«, sagte Ben.

Und er stand auf, um ihn sich von Beau zu holen. Aber als er ihm das Spielzeug wegnehmen wollte, sah er plötzlich, daß er kleiner war als Beau und lang nicht mehr so stark.

Und ich glaube, Beau erkannte das im gleichen Moment. Ben war älter. Aber Beau war größer und stärker. Und eine Sekunde lang standen sie einander gegenüber und schauten sich an.

Dann sagte Beau schnell: »Hier, Ben, du kannst ihn haben!« Er wollte diesen Augenblick ungeschehen machen.

Aber es war zu spät, das spürte er selbst.

Beau fing zu weinen an. Die beiden Buben standen noch immer voreinander. Dann streckte Beau die Arme aus und drückte Ben an sich. Jetzt weinte auch Ben. Ich konnte mich gar nicht mehr daran erinnern, daß Ben einmal geweint hätte.

Grant und ich sahen ihnen nur zu. Es gab nichts, was wir hätten tun können. Beau war jetzt der große Bruder — sogar schon jetzt, obwohl Ben noch da war.

Als ich am Abend Beau einen Gute-Nacht-Kuß gab, fragte er: »Mami, wird Ben bald sterben?«

Ich beugte mich über ihn und strich ihm über die Stirn und sagte: »Ja, Beau, es kann schon bald sein.«

Er bemühte sich, nur ganz leise zu weinen, damit Ben ihn nicht hörte.

»Mami, ich will nicht, daß er stirbt! Mami, lieber möchte ich sterben!«

Es zerriß mir das Herz, wenn ich mir vorstellte, wie sehr Beau innerlich litt, welche Gedanken sich im Kopf meines kleinen Erstkläßlers drängten, wieviel er allein mit sich selbst abmachen mußte, während Grant und ich mit Ben beschäftigt waren.

»Aber Beau, mein Kleiner, sag das doch nicht. Papa und ich haben dich so gern!«

»Aber Ben ist der große Bruder!«

»Das ist schon wahr, Beau, aber du bist doch auch ein großer Bruder, für Aber und für Danny. Und Ben möchte, daß du ein sehr guter Bruder für sie wirst, so wie er's für dich war. Glaubst du, daß du das für Ben tun kannst?«

Es sah Beau nicht ähnlich, etwas zu versprechen und es dann zu vergessen. Er hielt seine Versprechen. Aber er konnte nicht sagen, ob er dazu imstande wäre. Er wollte Bens Platz nicht. Er weinte in meinen Armen und schüttelte den Kopf und sagte immer wieder, daß Ben nicht sterben dürfe.

Bevor er dann in meinen Armen einschlief, fragte er: »Mami, wenn ich schon hier der große Bruder bin, kann Ben später, wenn wir alle im Himmel sind, wieder der große Bruder werden?«

»Ich glaube, Ben ist damit einverstanden, Beau.«

Am nächsten Morgen erwachte Ben mit roten, offenen Stellen am Rücken: ein neuer Ausbruch der Gürtelrose. Die Gürtelrose war sehr schmerzhaft, sie wanderte über die Nervenzentren in der Haut und verursachte stechende Schmerzen im unteren Bereich des Rückens. Ben hatte schon vor einigen Wochen im Krankenhaus die Gürtelrose bekommen. Aber es gab offenbar kein wirksames Gegenmittel. Jetzt fing das also wieder an.

Ich rief Judie Lea an. Als sie vorschlug, Ben wieder ins

Krankenhaus zu bringen, zögerte ich und sagte dann, ich würde zuerst mit Grant darüber reden. Nachdem wir ausführlich darüber gesprochen hatten, rief ich sie zurück.

»Wir haben beschlossen, ihn nicht zu euch zu bringen, Judie«, erklärte ich. »Er ist zu schwach. Sein Platz ist jetzt bei uns zu Hause. Wir möchten, daß unsere Familie beisammenbleibt.«

Ich hatte damit gerechnet, daß sie protestieren würde. Wahrscheinlich wollte ich, daß sie Einwände machte, denn ihr Vorschlag hätte ja bedeutet, daß man im Krankenhaus noch etwas für Ben tun könnte. Aber sie sagte nichts. Es gab eine kurze Pause, bevor sie antwortete.

»Ich verstehe das, Chris. Wir verstehen euch alle. Ihr könnt jedenfalls auf uns zählen, wenn ihr eure Meinung ändern solltet.«

Jetzt waren wir auf uns allein gestellt.

Als ich den Hörer auflegte, fiel mir ein, wieviel von meiner Energie — und meiner knappen Zeit mit meinem Sohn — darauf verschwendet worden war, im Kampf gegen diese Krankheit nur die praktischen Erledigungen zu organisieren. Das ständige Einpacken und Auspacken, Verabredungen mit Freunden und Verwandten, die die anderen Buben übernahmen, der Zeitplan der Krankenschwestern, das ewige Wäschewaschen, die Mühe, Heim und Familie zusammenzuhalten.

Dieser Teil des Kampfes war jetzt vorüber. Keine langen Autofahrten mehr zum Krankenhaus, kein krampfhaftes Bemühen mehr, den Raum hinter den doppelten Isolationstüren zu einem Zuhause für Ben zu machen.

Von jetzt an durften wir beisammenbleiben, Ben und Beau und Aber und Danny und Grant und ich, beisammen und in unserem eigenen Heim.

Und plötzlich hatte ich keine Angst mehr — nicht mehr wie damals, als wir Ben zum ersten Mal vom Krankenhaus heimbrachten und ich mir so einsam vorkam und Angst hatte vor der Verantwortung, die jetzt für Bens Pflege auf mir lag. Aber jetzt wußte ich, was zu tun war. Und es war überraschend leicht. Ich mußte nur Bens Mutter sein. Sonst nichts.

Ich schaute durch die Glasschiebetür hinaus und sah Ben auf den Stufen in der Sonne sitzen. Beau versuchte gerade, einen kaputten alten Tennisball aus Darcys Maul zu holen, damit Ben ihn noch einmal werfen konnte.

»Ben! Judie sagt, wir müssen nicht zurück ins Krankenhaus!«

»Das ist großartig, Mami!« antwortete er.

In den nächsten Wochen verbrachten Ben und ich viel Zeit allein miteinander. Am Morgen legte er sich nach der Dusche meistens auf den Boden unseres Schlafzimmers in die Sonne.

Es tat ihm jetzt schon weh, wenn man ihn in die Arme nahm. Seine Haut war von der Gürtelrose so empfindlich, und die stechenden Schmerzen waren so arg, und seine Knochen waren so fragil geworden, daß sie ihn die ganze Zeit schmerzten.

Manchmal gingen wir an den Strand und schauten zu, wie die Wellen auf den Sand rollten, oder beobachteten die Robben, die rund um die Felsen Unfug trieben.

Oder wir saßen im Sand und erinnerten uns an frühere Feste. Tage am Strand mit den Cousins, im Haus der Großeltern Oyler in San Clemente. Campingfahrten mit unserer Familie. Skifahren in Park City. Abers erste Gehversuche. Beaus erste Fahrt mit dem Fahrrad. Dannys erstes Lächeln.

Es war schön und herzzerreißend zugleich, wenn ich Ben zuhörte, wie er diese schönen Stunden beschrieb. Er beschrieb manche Augenblicke so lebhaft und deutlich, daß ich fast glaubte, sie noch einmal zu erleben. Wenn ich mich dann umdrehte und Ben ins Gesicht sah, dann hatte mich die Wirklichkeit wieder.

Ben gab mir in diesen ruhigen Augenblicken zu verstehen, daß er nur glückliche Erinnerungen an sein Leben mit sich nehmen würde. Ich fragte mich, ob er mir damit wohl sagen wollte, ich sollte mir nur nicht wünschen, sein Leben wäre anders verlaufen. Er tat es jedenfalls nicht.

Die Zeit, die wir miteinander verbrachten, war von tiefem Frieden erfüllt. Der Lärm war verschwunden. Der Lärm in meinen Ohren, der sich angehört hatte wie das Summen von tausend Neonröhren, jener Lärm, der mich damals überfiel, als Dr. Glader mir mitteilte, daß Ben Aids hatte. Während des hinter uns liegenden Jahres hatte mich dieser Lärm immer wieder überfallen. Aber jetzt war er fort.

Dieser Lärm war das Summen der Angst. Als ich keine Angst mehr hatte, verließ mich dieses Surren. An seine Stelle trat ein ruhiger Schmerz. Traurig, aber friedvoll.

Am 28. Juni feierte Ben seinen neunten Geburtstag.

Ich erinnerte mich an Bens ersten Geburtstag. Wie könnte ich ihn je vergessen? Wir waren auf einem Oyler-Familientreffen am Lake Tahoe, und es war der erste Geburtstag eines Oyler-Enkels.

Grants Vater hielt Ben im Arm, während wir ihm alle halfen, die Kerzen auszublasen. Ben hatte keine Ahnung, warum alle so aufgeregt waren, aber er begriff, daß es ihm galt. Und er kicherte sein ansteckendes kleines Kichern, so daß wir alle lachen mußten.

Zu seinem zweiten Geburtstag wollte er einen Bert-und-Ernie-Kuchen, mit den Figuren aus der »*Sesamstraße*«. Meine Torte mit ihrer blauorangefarbenen Glasur hielt er für die beste, die je gemacht wurde. Monatelang redete er immer wieder davon.

Später kam jedes Jahr bei jedem Kindergeburtstag die ganze Familie zusammen, und wir spielten Spiele wie »Dem Esel den Schwanz annähen« oder »Wäscheklammer in der

Flasche«. Und irgendwann verliebte sich Ben in Zitronentorte mit einer dicken Zitronenglasur darauf.

Zu Bens neuntem Geburtstag luden wir meine Mutter und Ralph ein. Und weil ich wußte, daß er damit rechnete, machte ich Zitronentorte und dazu selbstgemachtes Vanilleeis.

Als die Kerzen auf der Torte brannten, führte Grant Ben ins Wohnzimmer.

Er ging jetzt wie ein alter Mann, langsam und stockend schlurfte er auf uns zu, leicht nach links geneigt, denn diese Seite schmerzte ihn mehr als die andere. Sein Körper konnte das Wasser nicht mehr richtig ausscheiden, seine Wangen, Stirn und Augenpartien waren aufgedunsener als je zuvor.

Als er endlich bei uns im Wohnzimmer war, war er außer Atem.

»Alles Gute zum Geburtstag, Ben!« schrie Aber.

Wir sangen »Happy Birthday«, und mit unserer Hilfe blies Ben die Kerzen auf der Geburtstagstorte aus. Er kostete die Glasur, gab Danny einen Löffel Vanilleeis und wollte dann zurück ins Bett.

Am nächsten Morgen schlief er sehr lange.

Meine Mutter und Ralph warteten, daß er wach wurde, um sich von ihm zu verabschieden. Meine Mutter fragte Beau und Aber, ob sie mit ihr fahren und ein bißchen bei ihr bleiben wollten.

»Nein danke, Oma«, antwortete Beau und gab ihr zum Abschied einen Kuß. »Ich bleib lieber bei Ben.«

»Darf ich mitfahren, Mami, ganz allein?« fragte Aber ganz aufgeregt.

»Sicher, wenn du möchtest.«

Ben hörte dem Gespräch vom Sofa zu. Dann ging seine Großmutter zu ihm, um sich zu verabschieden.

»Ich würde gern mit dir fahren, nur einmal noch, Oma«, sagte er.

»Ben, du weißt, wie gern ich dich mitnehmen würde«, antwortete sie.

»Oma, du kannst mich zum Abschied umarmen, wenn du möchtest.«

Meine Mutter nahm Ben in die Arme, und er drückte sie so fest an sich, daß es sogar mich überraschte. Ich sah, wie sich die Augen meiner Mutter mit Tränen füllten. Sie wußte, wie weh ihm das tat. Und sie wußte auch, daß es diesmal ein Abschied für immer war.

»Ich werde dich immer gern haben, Oma«, sagte Ben.

»Ich dich auch, Ben. Vergiß nicht, du hast mich ja zur Großmutter gemacht.«

Ben wandte sich an Ralph.

»Ich hab dich auch gern, Opa«, sagte er und umarmte ihn. »Auf Wiedersehen!«

Ralph strengte sich sehr an, um die Tränen zurückzuhalten, bis sie draußen waren.

Am nächsten Tag kamen Grants Eltern zu uns. Eine Stunde lang oder noch länger saß Oma Oyler mit Ben draußen im Garten, nur die beiden allein, nur um zusammenzusein. Am Abend lasen Grant und sein Vater Ben aus der Bibel vor.

Ben liebte seine Großeltern. Als sie abfuhren, schaute er ihnen aus dem Wohnzimmerfenster nach, bis sie nicht mehr zu sehen waren. Dann lehnte er sich über den Heizkörper am Wohnzimmerfenster und sah so einsam und verlassen aus, wie ich ihn nie gesehen hatte.

Ich ging zu ihm, stellte mich neben ihn und widerstand meinem heftigen Wunsch, ihn in die Arme zu nehmen.

Er sagte nichts, sondern lehnte sich nur leicht an mich, hielt einen Arm in die Luft und legte mir die Hand um den Nacken. Bens Umarmung. Auf diese Weise sagte er mir in diesen letzten Tagen »Ich liebe dich«.

Am nächsten Tag kam die Direktorin des Hausschwesterndienstes bei uns vorbei, um sich zu erkundigen, wie wir zurechtkämen. Wir hatten jetzt täglich fast rund um die Uhr eine Schwester. Ich glaube, eine von ihnen hatte ihr gesagt, daß es mit Ben zu Ende ging.

Sie redete über den Zeitplan für die Schwestern und fragte dann, ob wir sonst noch etwas brauchten.

Ich zögerte einen Augenblick, dann fragte ich sie: »Haben Sie schon oft mit Sterbenden zu tun gehabt?«

»Ja«, antwortete sie.

»Was habe ich zu erwarten? Wie ist es für sie?«

Darauf erzählte sie mir, daß sie mit vielen Patienten gesprochen habe, die dem Tode nahe waren und dann wieder ins Leben zurückgeholt wurden, und daß alle fast das gleiche gesagt hatten.

»Sie sagen alle, daß ein wunderbar warmes Gefühl sie überkommt. Und daß sie spüren, wie ihr Geist den Körper verläßt und emporgezogen wird. Meistens sehen sie ein Licht. Manche sagen, ein Licht am Ende eines dunklen Tunnels... Andere sagen, ein helles Licht in der Ecke eines Zimmers... Aber immer ist ein Licht da, dem sie folgen sollen... Dann fühlen sie sich hin- und hergerissen. Sie wollen dem Licht folgen, aber sie finden es auch schwer, sich von den Menschen zu trennen, die sie lieben. Das Beste, was Sie für Ben tun können, ist, ihn wissen zu lassen, daß er in Ruhe fortgehen darf..., daß Sie ihn nicht zurückhalten wollen. Und daß Sie ihn lieben.«

X
»Geh dem Licht entgegen!«

Die Uhren tickten weiter. Jeden Tag lag die Zeitung vor der Haustür. Und die Wetterfrösche sagten voraus, wie das Wetter am nächsten Tag aussehen würde.

Ich wollte die Zeit aufhalten. Ich wollte die Sonne am Himmel in ihrem Lauf anhalten. Aber ich konnte es nicht. Noch drei Tage, dann hatten wir Freitag, den 4. Juli, unseren Nationalfeiertag.

Seit wir vor etwa zwei Wochen beschlossen hatten, Ben nicht mehr zurück ins Krankenhaus zu bringen, hatten Grant und ich uns jeden Nachmittag zwei bis drei Stunden allein für Ben Zeit genommen. Beau spielte dann ein paar Stunden mit Freunden, Danny machte seinen Mittagsschlaf, Aber war bei meiner Mutter.

Und eine Weile kam es uns so vor, als wäre alles wieder so wie ganz am Anfang, als es nur Grant und mich und Ben gegeben hatte. Nur daß unsere gemeinsame Zeit jetzt nicht anfing, sondern zu Ende ging.

Wir saßen in Bens Zimmer an seinem Bett — in diesem gemütlichen Jungenzimmer voller Sportposter und Flugzeugmodelle — und spielten etwas oder lasen Geschichten, oder manchmal unterhielten wir uns einfach. Es kam wirklich nicht darauf an, was wir taten. Das wichtigste war, daß wir beisammen waren.

»Mami, was glaubst du, was tut Jessica den ganzen Tag im Himmel?«

»Ich weiß es nicht, Ben, aber sicher ist sie glücklich.. Du hast in der letzten Zeit viel an sie gedacht, nicht?«

»Mhm.«

»Weißt du, wenn du in den Himmel kommst, dann wird Jessica nicht mehr krank sein«, sagte Grant. »Sie wird genauso sein wie alle anderen. Jeder, der hier krank war, wird oben wieder gesund sein. Im Himmel gibt es keine Krankheit, keinen Schmerz, kein Leid.«

»Heißt das, daß Onkel Scott, wenn er gestorben ist, wieder sehen kann?«

»Sicher, Ben. Dann wird Onkel Scott endlich sehen, wie du aussiehst, Ben«, sagte ich.

»Du wirst da oben nicht allein sein, Ben. Alle möglichen Leute warten schon auf dich. Erinnerst du dich noch an Urgroßvater Boyle?«

»Na klar, Papa. Der hat mich immer zum Lachen gebracht... Papa, gehört sich das, daß man im Himmel lacht?«

Grant und ich lachten.

»Ich wüßte nicht, warum nicht, Ben. Unser Vater im Himmel hat sicherlich viel Sinn für Humor. Ich glaube, er hört es gern, wenn Leute lachen«, antwortete Grant.

»Weißt du, Ben, wir wissen auch nicht genau, wie's im Himmel zugeht«, sagte ich. »Du bist der erste von unserer Familie, der hinaufgeht... Aber versprichst du mir etwas? Versprich, daß du, wenn das nur irgendwie geht, mal zurückkommst und uns sagst, wie es da oben ist.«

Ben warf mir einen raschen Blick zu, der besagte, daß ich das ja wohl nicht ernst meinen konnte. Aber laut sagte er:

»Okay, ich versprech's dir, Mami.«

In der folgenden Nacht hatte Ben starke Schmerzen. Die Medikamente, die er von uns bekam, schienen nie zu reichen. Als Grant und ich endlich schlafen gingen, konnte ich die Schwester immer wieder den Medikamentenschrank öffnen, die Lichtschnur ziehen und dann die Tür wieder schließen hören, als sie immer noch mehr herausholte. Diese Geräusche — die Tür, das Licht und dann wieder die Tür — gruben sich tief in mein Gedächtnis.

Ben fand in dieser Nacht so wenig Schlaf, daß er dafür

den ganzen nächsten Vormittag verschlief. Ich konnte ihm am Gesicht ansehen, wie schwer die Nacht für ihn gewesen war.

Ich rief Judie an und sagte, wir müßten Bens Schmerzmitteldosis erhöhen. Aber sie warnte mich und sagte, daß eine höhere Dosis ihn töten, seinen Atmungsapparat lähmen könnte.

Schließlich besprach sie sich mit Dr. Glader und rief dann zurück und erklärte, wir könnten die Dosis von Stunde zu Stunde um jeweils eine winzige Spur erhöhen. Nach einiger Zeit müßten wir dann soweit sein, daß Ben keine Schmerzen mehr spürte.

Im Haus war es ganz still, als Ben schlief. So wird es sein, dachte ich, wenn Ben nicht mehr da ist, wenn seine warme kleine Seele uns verlassen hat.

»Sollen wir Ralph anrufen und ihn bitten, ob er nicht Bens Sarg machen könnte?« fragte Grant.

Ich überlegte. Seit Ben ein Baby war, hatte er immer viel Zeit mit Ralph in seiner Werkstatt verbracht, Steckenpferde mit Sandpapier bearbeitet, Vogelhäuser mit ihm gebastelt.

»Ich glaube, daß Ben darüber sehr glücklich wäre«, stimmte ich zu. »Rufen wir ihn an.«

Grant rief meine Mutter an und fragte sie, ob ihrer Meinung nach Ralph dazu bereit wäre.

»Warte einen Moment, ich frage ihn«, sagte sie.

Grant hörte meine Mutter und Ralph im Hintergrund reden. »Weißt du, worum die Kinder uns bitten, Ralph? Sie möchten, daß wir Ben im Tod in unsere Arme nehmen, so wie wir's im Leben getan haben.«

Ralph kam ans Telephon. Es war viel verlangt von einem Großvater, den Sarg für den eigenen Enkel zu machen. Aber er beherrschte sich und sagte: »Ich werde mein Bestes tun. Was für Holz hättest du gern?«

»Fichte«, antwortete Grant. »Etwas Einfaches.«

Ralph kaufte das Holz und fing noch am selben Tag mit der Arbeit an.

Als Ben am Nachmittag aufwachte, gingen wir zu ihm hinein und setzten uns zu ihm. Nach dem langen Schlaf fühlte er sich etwas besser, aber ich konnte es fast sehen, wie die Lebenskräfte ihn verließen.

»Papa?« fragte er. »Kannst du das bitte Opa Oyler geben?«

Ich folgte seinem Blick bis zum Pinewood-Derby-Auto auf seinem Schreibtisch.

»Wird gemacht, Ben«, sagte Grant.

Ich sah, daß Ben weiter sprechen wollte, aber es fiel ihm schwer.

»Ben, weißt du, was ein Testament ist?« fragte ich ihn.

Er schüttelte den Kopf.

»Manchmal, wenn Leute sterben und es viele Menschen gibt, die sie gern haben, dann wollen sie ihnen die schönsten Sachen schenken, die ihnen gehören. Das schreiben sie auf und unterschreiben es. So etwas nennt man ein Testament. Möchtest du das auch machen?«

Er nickte.

»Soll ich vielleicht auf die Sachen in deinem Zimmer zeigen, die du besonders gern hast, und du sagst mir, wem du sie geben möchtest?« fragte Grant.

Ich schrieb mit, während Grant im Zimmer herumging.

Es gab für jeden etwas. Den kleinen Jeep, in dem man sogar fahren konnte, von der »Wünsch-dir-was-Stiftung«: »Für Aber.«

Bens Brieftasche mit fast einhundert Dollar darin: »Für Jaap, für die Uni.«

Und etwas für seine Großeltern, seine Cousins, seine Brüder.

Tränen fielen auf Bens Tagebuch, während ich diese Dinge festhielt. Und Grant wischte sich seine Tränen mit dem Ärmel weg und hoffte, Ben würde sie nicht bemerken. Wir konnten nicht anders — zuzuhören, wie Ben seine liebsten Sachen weggab, brach uns das Herz.

»Ich ... nicht ... will nicht, daß ihr traurig seid, okay?«

Seine Stimme klang tief und heiser. Grant und ich sahen einander an.

So sollte Ben uns nicht sehen. Wir hatten uns so lange unter Kontrolle gehabt. Wir durften nicht jetzt plötzlich aufgeben. Nicht ausgerechnet jetzt.

»Okay, Ben«, sagte ich. »Du wirst uns eben sehr fehlen, das ist alles.«

»Ihr werdet mir auch fehlen«, sagte er.

Ich neigte mich über ihn und küßte ihn.

»Mami, hast du eigentlich mein Rad verkauft?«

Nein, das hatte ich nicht. Ich hatte nie die Hoffnung aufgegeben, daß er vielleicht doch eines Tages wieder ...

»Mami, schreib auf, mein Fahrrad. Für Beau.«

Als wir fertig waren, unterschrieb Ben sein Testament. Datum: 2. Juli 1986. Seine Unterschrift war kindlich einfach, aber auch zittrig wie die eines alten Mannes.

Am Abend stieg Ben der Geruch von Popcorn auf unserem Herd in die Nase, und er bat, zu uns kommen zu dürfen. Also schob ihn die Schwester mit seiner Pumpe ins Wohnzimmer, und da saß er ein Weile bei uns, knabberte mit Beau zusammen Popcorn und sah fern, als wär's die natürlichste Sache der Welt.

Aber in dieser Nacht ging die Tür zum Medikamentenschrank immer wieder auf und zu, auf und zu.

»Seine Schmerzen waren fast die ganze Nacht auf zehn«, sagte die Schwester am Morgen.

Ich setzte mich am Vormittag wieder zu Ben, während wir von Stunde zu Stunde die Dosis erhöhten. Aber die stündliche Dosis konnte seine Schmerzen nur noch eine halbe Stunde lang lindern. Dann massierte ich seine Arme und Beine oder versuchte, ihn durch ein Gespräch von seinen Schmerzen abzulenken, bis es wieder Zeit war für die nächste Dosis.

Das Versprechen, das ich Ben gegeben hatte, daß er ohne Schmerzen sterben würde, ließ sich schwerer einlösen, als ich gedacht hatte.

Erst am Donnerstag nach Einbruch der Dunkelheit war das Schmerzmittel schließlich stark genug. Wir waren allein im Zimmer, Ben und ich. Es war ganz still, bis auf das leise Surren seiner Pumpen.

»Der Schleier wird jetzt schon sehr dünn für dich, nicht, Ben?«

Er nickte.

»Wird's ... weh tun, Mami?«

Ich strich ihm das Haar aus der Stirn und küßte ihn.

»Nein, Ben. Du wirst nichts spüren. Du wirst keine Schmerzen mehr haben. Das verspreche ich dir ... Du brauchst jetzt gar keine Angst mehr zu haben. Es wird so sein, als würdest du nach langen Ferien nach Hause kommen. Erinnerst du dich? Nur daß ›nach Hause‹ dann nicht dieses Haus bedeutet. Aber es wird warm und gemütlich sein, genau wie zu Hause. Und ... bevor du es merkst, Benny, sind wir wieder alle dort bei dir beisammen. Papa und Beau und Aber und Danny und ich. Wie nichts wird dir die Zeit vergehen, bis wir alle auf ewig zusammen sind, Ben. Wie einmal die Augen zumachen und wieder öffnen, so schnell wird die Zeit vergehen.«

»Ich ... liebe dich ... Mami«, sagte er.

Dann schloß er die Augen, und ich blieb sitzen, sah sein Gesicht an, und strich ihm übers Haar.

Und ich liebe dich auch, Ben. Ich weiß nicht, was ich ohne dich tun werde. Ich weiß, daß die Welt nicht unser dauerndes Zuhause ist, sondern ein Ort, den man bald verlassen muß. Aber warum, warum verläßt du mich so früh? Weißt du schon alles? Hast du schon alles vom Leben gelernt, wozu wir anderen

Jahrzehnte brauchen? Oder braucht Gott in seinem Himmel gerade dich, hat er eine besondere göttliche Mission für dich, die wir nicht kennen?

Ich nahm Bens Hand in meine Hand, führte sie zu den Lippen und küßte sie. Dabei fiel mir auf, daß seine Finger bläulich waren.

Ich hatte gehört, daß man von den Händen und Füßen aufwärts stirbt.

»Es ist nahe, nicht?« fragte ich die Schwester flüsternd, als sie ein paar Minuten später hereinkam.

»Ja«, antwortete sie. »Heute nacht oder vielleicht morgen, das ist schwer zu sagen.«

Ich benachrichtigte Grant. Er kam herein und setzte sich zu Ben aufs Bett, und Ben bewegte sich und öffnete die Augen.

»Ben...«, begann Grant. »Ich wollte dir sagen, daß es mir sehr viel bedeutet, dich als Sohn zu haben.«

Tränen strömten über sein Gesicht.

»Ich habe versucht, dir ein guter Vater zu sein und dich zwischen Gut und Böse unterscheiden zu lehren. Aber eigentlich habe ich viel mehr von dir gelernt. Das wollte ich dir sagen. Ich habe viel von dir gelernt. Wie wir das Leben schätzen sollen, solange wir hier auf Erden sind. Und über den Glauben, den richtigen Glauben, wenn man, so fest man nur kann, um ein Wunder betet, das dann doch nicht passiert, wenigstens nicht so, wie man es erhofft hat.«

»Papa... Papa, du mußt nicht... ich weiß schon...«

Aber Grant redete weiter. Er konnte jetzt seine Tränen nicht mehr zurückhalten, nicht einmal für Ben.

»Weißt du, Ben, ich wollte immer schon ein Vater sein. Mein ganzes Leben lang. Schon als ich ein kleiner Junge war wie du jetzt. Dann haben Mami und ich geheiratet, und wir bekamen dich, Ben. Und wir waren so glücklich. Du warst so süß, und wir konnten gar nicht glauben, daß wir mit dir gesegnet waren. Und ich hab immer von allem geträumt, was wir miteinander tun würden ... Na, es sieht so aus, als würden wir nicht mehr alle diese Dinge tun, Ben. Und das wird mir fehlen, Sohn. Kein Tag wird vergehen, wo du mir nicht fehlen wirst. Und Mami werden die Blumen fehlen, die du ihr gibst, und die Briefe, die du schreibst. Und Beau und Aber und Danny wirst du auch fehlen. Uns allen wirst du fehlen, Ben. Aber ganz gleich, wie sehr du uns auch fehlen wirst, Ben, du darfst ruhig fortgehen. Ich meine es ernst, wenn ich das sage. Aber ich wollte dich nicht fortlassen, ohne dir zu sagen ..., wie sehr ich dich liebhabe und wie sehr du mir fehlen wirst. Aber das gehört eben dazu, daß einem geliebte Menschen fehlen. Menschen, die einander lieben, vermissen einander, wenn sie nicht zusammen sind. So ist das eben.

Aber ich möchte ja nicht, daß du Angst hast, oder daß du dir um uns Sorgen machst. Wir schaffen das schon. Und du auch, Ben. Deine Schmerzen werden alle verschwinden. Und wir verstehen, daß du fort mußt. Wir nehmen es dir nicht übel, Ben. Wenn du gehen willst, wir sind bereit ...«

Grant beugte sich tief über Bens Brust, und Ben schlang seine Arme um ihn und hielt ihn. Und er weinte auch.

»Ich hab dich lieb, Papa«, sagte er. »Ich liebe dich ... ich liebe dich.«

Grant küßte Ben und ging aus dem Zimmer.

Er konnte es nicht ertragen, weiter am Totenbett seines Sohnes zu sitzen. Und ich brachte es nicht über mich, ihn zu verlassen.

Wir waren jetzt allein, Ben und ich. Ich wußte, daß wir als letzte voneinander Abschied nehmen würden. Und jetzt war unsere Zeit gekommen. Aber wir sahen einander nur in die Augen. Keiner von uns sagte ein Wort. Dann drückte Ben meine Hand, seine Lider fielen zu, und er schlief ein, tief und fest. Das Medikament begann zu wirken. Und ich hatte mein Versprechen gehalten.

Wie lang ist es her? Über ein Jahr, seit dem Tag, als wir dich vom Krankenhaus heimbrachten und du auf meinem Schoß saßest und wir eine Liste von Dingen machten, auf die du dich freuen konntest. Das Familientreffen der Oylers. Deine Taufe. Das neue Haus. Die Schule. Ich weiß, daß du zur Schule gehen wolltest, Ben. Aber was du eigentlich wolltest von der Schule, das war ein Freund, nicht wahr? Und einen Freund hast du ja bekommen. Jaap war dein Freund, nicht wahr?

Jessica ... sie war auch auf deiner Liste. Und jetzt wirst du sie bald sehen, Ben. Wenn sich der Schleier hebt, dann steht sie sicher vor dir dort auf der anderen Seite. Sie wird dir helfen, Ben, wenn du Hilfe brauchst. So wie du ihr hier geholfen hast.

Siehst du, Ben, du hast doch alles bekommen, was auf der Liste war. Sogar einen kleinen Bruder. Danny hat sehr viele Ähnlichkeiten mit dir als Baby. Er ist ein Geschenk Gottes für mich, für uns alle. Das weiß ich.

Auch dein Vater und ich haben bekommen, was wir brauchten. Vor allem etwas, das wir mehr als alles andere nötig hatten: Zeit. Zeit, um von dir zu lernen, tapfer zu sein, auch noch in den finstersten Tagen das Beste aus unserem Leben zu machen. Zeit, um bei dir zu sein und dich zu lieben und dir zuzusehen, wie du innerlich, in deiner Seele immer stärker wurdest.

Wenn ich nicht die Zeit gehabt hätte, um mit anzusehen, wie deine Seele wuchs und wuchs, Ben, dann hätte ich vielleicht nicht die Kraft gehabt, darum zu beten, daß deine Seele sich von deinem Körper lösen möge. Ich glaube nicht, daß ich es fertiggebracht hätte. Sicher nicht vor einem Jahr ... vielleicht auch nicht vor einem Monat ...

Ich hätte nicht hier sitzen und dich ruhig ansehen können, jeden deiner Atemzüge, jedes Flattern deiner Wimpern tief in mich aufnehmend. Träumst du, Ben? Was siehst du jetzt in deinem Traum? Blickst du zurück, oder schaust du in die Zukunft?

O Ben, du wirst mir fehlen.

»Geh dem Licht entgegen!«

Aber ich habe keine Angst..., oder?

Daß ich meine Tränen nicht beherrschen kann, bedeutet nicht, daß ich das nicht ertrage. Ich muß einfach weinen, Ben. Ich bin deine Mutter, und nichts auf der Welt kann mich je wieder so tief verletzen, wie dich zu verlieren. Du bist ein Teil von mir. Und wenn du gehst, nimmst du einen Teil von mir mit. Und danach wird immer ein Teil von mir fehlen, auch wenn ich hundert Jahre alt werde.

Ich spüre den Schmerz schon, wie er von tief unten in mir aufsteigt und sich in der Kehle verknotet. Wenn du fort bist und ich mich ganz verloren fühle, dann werde ich daran denken, wie tapfer du warst, und mir von dir Mut holen, Ben.

Das ist die eine Glaubensprüfung, der ich nicht gewachsen wäre, das wußte ich immer. Aber jetzt bin ich ihr doch gewachsen. Und schon jetzt spüre ich die Freude aller Gnadengeschenke, die noch auf uns warten.

Dein Vater hatte recht, Ben. Es gibt wirklich noch Wunder.

Kurz vor Mitternacht fuhr Ben aus dem Schlaf hoch.

»Wo ist Beau?« fragte er.

»Er schläft im Nebenzimmer. Soll ich ihn holen?«

Keine Antwort.

»Wo ist Aber?«

»Bei Oma.«

»Wo ist Danny?«

»Der schläft im Kinderbett.«

Dann schloß er die Augen und schlief wieder ein.

Die Schwester kam herein und sagte, ich sollte mich doch jetzt auch hinlegen. »Sie werden Ihre Kraft noch später brauchen«, sagte sie. Schließlich hörte ich auf sie und ging auch zu Bett, bat sie aber, mich bei der geringsten Veränderung sofort zu holen.

Zwei von Ralphs Schülern aus einem Holzverarbeitungskurs halfen ihm den Sarg machen. Die drei arbeiteten buchstäblich Tag und Nacht. Sie wußten ja nicht, wieviel Zeit sie noch hatten.

Am Freitag um zwei Uhr früh wurden sie endlich fertig. Erschöpft hatte sich Ralph ins Bett neben meine Mutter gelegt und war eben eingeschlafen, als Aber in ihr Zimmer kam und im Finstern neben ihrem Bett stand.

»Oma, Oma!« rief er.

»In meinem Zimmer fliegt ein kleiner Geist herum.«

»Aber, mein Schatz, das ist nur ein schlechter Traum!«

Aber schüttelte heftig den Kopf.

»Nein, Oma, das ist ein ganz echter Geist.«

»Okay — soll ich mit dir in dein Zimmer gehen und mich ein bißchen zu dir legen, ja?«

Aber nickte, und die beiden gingen miteinander zurück in Abers Zimmer. Nachdem Aber sich wieder in sein Bett vergraben hatte, sagte meine Mutter zu ihm: »Siehst du, Aber, da war doch gar kein Geist, oder?«

»Doch, schon, Oma. Das war Ben. Er ist hier hereingekommen und hat zu mir gesagt, daß er jetzt keine Schmerzen mehr zu haben braucht, weil er nur noch einen Tag hier hat. Und er hat gesagt, daß er mich gern hat und daß ich ihm fehlen werde.«

Es war fast fünf Uhr früh, als Ben sich kerzengerade im Bett aufrichtete.

Die Schwester holte uns.

Als wir zu ihm ins Zimmer kamen, lag Ben schon wieder auf dem Rücken. Seine Augen waren geschlossen. Ich setzte mich auf seine rechte Seite, Grant setzte sich neben mich. Ich legte meine Arme um Ben und flüsterte ihm ins Ohr.

»Ben!« sagte ich. »Mami und Papa sind hier, und wir haben dich gern, Ben, wir haben dich sehr, sehr gern.«

Sein Körper lag gespannt, verkrampft in meinen Armen, er bewegte sich ruckartig hin und her, als wüßte er nicht, was er jetzt tun sollte.

»Du wirst uns fehlen, Ben... Du wirst uns allen fehlen...«

Ich spürte, wie sich sein Körper ganz leicht entspannte.

»Ben, siehst du ein Licht? Ein warmes, tröstendes Licht? Folge ihm! Es ist für dich da, Ben, um dir den Weg zu zeigen...«

Sein Körper in meinen Armen wurde schlaff, und ich spürte, welch ungeheure Gewalt des Schmerzes er jetzt freigab. Seine Hand öffnete sich, mit der Handfläche nach oben lag sie auf dem Bett. Instinktiv griff ich danach, wie ich es tat, als er noch ein Kind war und wenn ich Angst hatte, er würde fallen.

Doch dann verging meine Angst so schnell, wie sie gekommen war.

Ich richtete mich auf und lehnte mich gegen Grant.

Das Zimmer war erfüllt von Ben. Es war überall rund um uns, warm und voller Liebe. Er blieb noch einen Augenblick, um Lebewohl zu sagen. Um uns zu sagen, daß wir uns keine Sorgen machen sollten, daß wir keine Angst zu haben brauchten, daß man nie Angst zu haben braucht.

Geh zum Licht, Ben!
Geh dem Licht entgegen!

Epilog

Ich sagte am Anfang, daß Ben sterben zu helfen das Schwerste war, was ich je zu vollbringen hatte. Jetzt weiß ich, daß ich mich geirrt habe. Viel schwerer war es zu lernen, ohne ihn zu leben.

Ben starb am 4. Juli 1986.

Die schreckliche Leere spürte ich schon am nächsten Tag, dem ersten Tag seit neun Jahren, den ich ohne Ben verbrachte. Ich legte mich auf sein Bett, um mich an seinen Geruch zu erinnern. Ich schloß immer wieder die Augen, um mir alles, was ich an Ben geliebt hatte, ins Gedächtnis einzuprägen.

Wir wollten für Ben keine steife Begräbniszeremonie, sondern etwas, das unsere Familie zum Ausdruck brachte, etwas, das Leben symbolisieren sollte. Statt einer Bahre und einer großen schwarzen Limousine stellten wir also Bens Sarg in den Kofferraum unseres weißen Kombis. *Ben O.* war oben in den Sarg geschnitzt. Den kleinen hölzernen Wal, der Ben so gut gefiel, hatte Opa Ralph in den Sarg gelegt, und Oma Oyler hatte ihn mit weißem Satin ausgeschlagen.

Sargträger waren Bens Cousins Joey, Sam, Brett und Mike und meine Brüder Steve und Randy und Grants Brüder Richard und Brian. Sie trugen den kleinen Sarg in die Kapelle hinein zum Trauergottesdienst.

Die Sommersonne warf breite Lichtbahnen durch die Fenster. Die Kapelle war voll von Blumen und Menschen, die Ben geliebt hatten und gekommen waren, um sich von ihm zu verabschieden.

Großvater Oyler hielt eine Ansprache, die mehr mit Pinewood-Derbys und Bens Glauben und seiner Liebe zu einem kleinen Mädchen namens Jessica zu tun hatte als mit

Epilog

dem Tod. Seine Stimme klang kräftig und stolz, aber die Tränen liefen ihm dabei übers Gesicht.

Am Ende sangen wir Bens Lieblingslied: »*Families are forever* — Familien halten immerdar«. Nach der ersten Strophe mußten alle in ihre Programmblätter schauen; Ben als einziger hatte immer den ganzen Text gekannt.

Wir begruben unseren Sohn auf einem sonnigen Hügel unter einer großen Eiche. Mein Vater, Bill Eckholdt, sprach die letzten Worte am Grab. Als sie Bens Körper in die Erde senkten, beugten Beau und Aber sich vor und blickten ihrem Bruder ins Grab nach.

Ich weiß noch, wie sie beide dreinschauten, so ernst und traurig. Sie begriffen, daß das ein Abschied für lange war.

Ich sagte mir, daß ich bald etwas mit Bens Sachen tun mußte, mit den Medikamenten und den Kleidern. Aber ich brachte es kaum über mich, die Tür zu dem Schrank aufzumachen und das Licht anzudrehen.

Grant und ich drückten uns lange davor, uns um »Bens Sachen« zu kümmern. Grant spielt seither kaum noch Golf. Wir machten kleine Ausflüge und machten Aufnahmen, aber ich hatte schon neun Rollen Film in der Tasche, bevor ich mich entschließen konnte, sie entwickeln zu lassen. Ich konnte die Vorstellung nicht ertragen, daß ich Bilder zurückbekommen würde, auf denen Ben nicht drauf war.

Monatelang fiel mir oft nicht ein, wie die einfachsten Dinge zu erledigen waren. Wenn ich am Abend den Tisch deckte, dann standen oft aus Versehen sechs Teller auf dem Tisch. Wenn Fremde mich fragten, wie viele Kinder ich hätte, dann sagte ich »vier«, und wurde dann still.

Gern würde ich sagen, daß ich Trost in meinem Ehemann und meinen anderen Söhnen fand. Aber das wäre nicht wahr, wenigstens nicht für den Anfang. Zuerst gab es ein großes, klaffendes Loch in meinem Inneren, das niemand füllen konnte. Aber bald nach Bens Tod wurde mir klar, daß ich meine eigenen Kinder und meinen Mann ganz neu kennenlernen mußte. Wir hatten gelernt, in der Krise zu funktionieren, uns durch Tränen zu lieben. Aber jetzt mußten wir ganz von vorne anfangen und lernen, auch in normalen Zeiten wieder zu funktionieren, wenn am Morgen der Wecker läutete und am Abend Hausaufgaben zu machen waren.

Wir sind jetzt eine neue Familie. Wir haben einen anderen ältesten Sohn. Und wir haben ein kleines Baby, das von Ben gehört hat, aber sich nie erinnern wird, wie sehr Ben es geliebt hat. Als Danny uns vor ein paar Monaten über Ben reden hörte, hielt er seine kleinen Babyhände in die Luft und sagte: »Ist fort!«

Der neue Anfang war besonders schwierig für Beau. Monate nach Bens Tod konnte er nicht gut schlafen und wachte in der Nacht immer wieder von Alpträumen auf. Er sieht sich selbst noch immer nicht ganz als großen Bruder. Wo Ben nachdenklich und zurückhaltend war, ist Beau offen und direkt, manchmal sogar grob. So schmerzlich das alles für ihn war, ich glaube, daß diese Erfahrung seinen Sinn für Mitleid und Mitgefühl geschärft hat.

Zu meiner Freude entdeckte ich eines Tages, daß Beau ein Talent zum Zeichnen hat. Und so wie Ben der Rudelführer bei den Familientreffen der Oylers war, so ist Beau jetzt der Rudelführer bei den Familientreffen der Eckholdts. Ja, auch wir haben jetzt unsere Familientreffen. Bens Tod hat alle einander nähergebracht. Mein Vater ruft mich manchmal an, einfach um mit mir ein bißchen zu plaudern, und wir sehen uns oft.

Grant vergrub sich nach Bens Tod in die Arbeit. Sein Geschäft geht jetzt sehr gut. Ich bin stolz auf ihn. Um so mehr, als Grant, nachdem Bischof Dr. Rasband von seiner Stellung zurücktrat, zu seinem Nachfolger gewählt wurde. Die Menschen kommen jetzt zu Grant um Trost und Rat, so wie sie früher zu Dr. Rasband kamen. Alle sagen, daß er ihre Probleme so gut versteht — daß er ein mitfühlendes Herz hat.

Meine Mutter, die mir in dieser schweren Zeit so oft eine Stütze war, verlor ungefähr ein Jahr nach Bens Tod ihren eigenen Sohn. Mein Bruder Scott starb an einer Komplikation seiner Hämophilie, und wir begruben ihn neben Ben. Wie Ben sagte, würde er oben nicht mehr blind sein müssen. Ich bin sicher, daß er und Ben jetzt beisammen sind.

Und ich selbst... ich mußte erst wieder lernen, ich selbst zu sein. Ich hatte ganz vergessen, wer ich vor Bens Krankheit eigentlich war. Ich wußte gar nicht mehr, wie ich früher meine Zeit verbrachte oder was ich normalerweise sagte oder was die Leute von mir erwarteten, bevor Ben krank wurde. Meine alte Vorstellung von mir selbst als Mutter war nicht mehr ausreichend; mein Vertrauen in diese Rolle war allzu sehr erschüttert.

Zuerst mußte noch manches getan werden, das sich immer noch um Ben drehte. Ein Messingblatt war an den Baum in der Halle des Ronald-McDonald-Hauses zu hängen, zum Gedenken an Ben. Der Grabstein — oben mit den Worten *Geh dem Licht entgegen*, unten mit *Familien halten immerdar* — mußte auf Bens Grab.

Dr. Infelice, Direktor der Schulen, die Ben damals nicht aufnehmen wollten, schlug mich als Mitglied jenes Komitees vor, das die kalifornische Schulbehörde bezüglich Aids beraten sollte. Ein Jahr nach Bens Tod erklärte er *Newsweek* gegenüber, daß seine Entscheidung, hätte er sie noch einmal zu treffen, jetzt anders ausfallen würde...

Als diese Dinge, diese »Ben-Dinge«, erledigt waren, konnte ich es nicht mehr länger vor mir herschieben: Ich mußte für mich selbst und für meine Familie ein neues Leben beginnen.

Ich begann damit, daß ich eine Liste machte mit der Überschrift: »Stelle fest, was dich glücklich macht.« Als ich damit fertig war, war ich wieder dort, wo ich angefangen hatte, bei denselben Dingen, die mich immer schon glücklich gemacht hatten. Eines Tages fuhren wir in unserem Kombi von einem Skiausflug nach Hause. Ich schaute mich um, und alle lachten, und der Himmel war blau, und die Sonne schien, und ich sah weit und breit nichts, was mich unglücklich machen könnte.

Diese einfache Erkenntnis bot mir unglaublichen Trost: Es war alles in Ordnung. Vor mir lag ein Tag, den ich mit drei süßen kleinen Buben mit Sommersprossen auf den Nasen verbringen durfte, mit einem Ehemann, der mich liebte. In diesem Moment verschwand die kleine schwarze Wolke, die seit Bens Erkrankung über unserem Haus gehangen hatte, und löste sich in nichts auf.

Ich denke immer noch an Ben, natürlich. Wenn Ben auch nicht mehr hier ist, bin doch ich noch immer seine Mutter.

Es gibt eine Bezeichnung für eine Frau, deren Mann gestorben ist: *Witwe*. Warum, so fragte ich mich, gibt es keine Bezeichnung für eine Frau, deren Kind gestorben ist? Vielleicht, weil man nie aufhört, Mutter zu sein, auch wenn das Kind nicht mehr da ist. Man hat das Kind in sich getragen, am Wunder des Lebens teilgenommen, als das Kind geboren wurde. Und man weiß, daß soviel Liebe und soviel Kraft nicht einfach spurlos vergehen können.

Weil ich eine Mutter bin, weiß ich auch, daß das Leben nicht einfach endet. Es verändert sich, es kann neue Formen und Umrisse annehmen — aber einfach vergehen kann es nicht.

Ich weiß, daß Ben noch lebt — an diesem Ort, von dem das Licht kam. Ich würde gern wissen, wie seine Tage aussehen, wenn es Tage sind. Ich hoffe, er findet die Einsichten nützlich, die er von uns mitbekommen hat.

Einmal sah ich Ben im Traum. Er war viel größer als früher, erwachsen, als wäre er nie krank gewesen. Ich erkannte ihn mitten in einer Menge und ging zu ihm. Aber als ich die Arme öffnete, um ihn zu umarmen, trat er zurück. »Weißt du das denn nicht, Mami?« flüsterte er. »Hier kannst du mich nicht berühren.«

Ich weiß nicht, wie ich Bens Tod je hätte akzeptieren können, würde ich nicht an Gott glauben. Mein Glaube — und auch Grants Glaube — ist jetzt viel stärker. Was wir zuvor mehr durch den Verstand glaubten, das leben wir jetzt in unseren Herzen.

Eines Tages werde ich Ben wiedersehen. Das weiß ich. Genauso wie ich weiß, daß unsere Familie wieder beisammen sein wird. Und trotzdem — Ben könnte Ihnen das bestätigen — ich gäbe die ganze Welt her, wenn ich ihn jetzt einfach mal in den Arm nehmen könnte.

Peter Noll
Diktate über Sterben & Tod
Mit der Totenrede von Max Frisch
358 Seiten. Serie Piper 539

Peter Noll, Professor für Strafrecht in Zürich, erfährt im Dezember 1981, daß er an Blasenkrebs erkrankt ist. Eine vielleicht lebensverlängernde Operation lehnt er ab. Durch Aufzeichnungen, die er von Dezember 1981 bis kurz vor seinem Tod im Oktober 1982 führt, will er seine Erfahrungen weitergeben an die Lebenden – die ja auch einmal sterben müssen. Diese Reflexionen »sind sympathisch, mutig, ängstlich oder gedankenschnell; freiheitsliebend, kritisch, frivol, kokett, eitel, auch gekränkt, kurz: menschlich und so lebendig, daß wir dabei an den Tod am allerwenigsten denken möchten.«
Neue Zürcher Zeitung

Vom gleichen Autor ist lieferbar:

Gedanken über Unruhe und Ordnung
221 Seiten. Serie Piper 626

Peter Noll / Hans Rudolf Bachmann

Der kleine Machiavelli
Handbuch der Macht für den alltäglichen Gebrauch
154 Seiten. Serie Piper 958

PIPER

Robert Marion

Das Kind, das keinen Schmerz fühlen konnte

Aus dem Amerikanischen von Hainer Kober. 253 Seiten. Kt.

Dies sind Geschichten von schwerkranken, schwerbehinderten Kindern, von denen viele sterben müssen – und dennoch ist es auch ein humorvolles und hoffnungsvolles Buch, das den Leser in seinen Bann schlägt. Dr. Robert Marion ist ein Kinderarzt, der sich als Genetiker auf frühe Schäden, auf angeborene Behinderungen spezialisiert hat. Er wird gerufen, wenn ein Neugeborenes in irgendeiner Weise auffällig erscheint. Er muß den Fall untersuchen, die Diagnose stellen und – sie den Eltern mitteilen...
Es besticht nicht nur die fachliche Kompetenz, mit der er die Krankengeschichten erklärt – ein Enzym zu wenig, ein »Tippfehler« im genetischen Code –; vor allem berührt, wie er sich auf seine kleinen Patienten einläßt, wie er ihre Gefühle, aber auch seine eigenen wahrnimmt; es imponieren Ehrlichkeit und Ironie, wenn der Arzt unverblümt die eigenen Unsicherheiten, Irrtümer und Vorurteile bloßstellt.
Vor allem aber vermitteln diese Krankengeschichten mit leiser Eindringlichkeit und bewegenden Bildern die Botschaft des Autors.

PIPER

Der beste Experte des Körpers ist der Mensch selbst

196 Seiten. Kt.

Heiko Ernst, als Chefredakteur der vielgelesenen und -beachteten Zeitschrift »Psychologie heute« ständig mit den neuesten Ergebnissen internationaler psychologischer und medizinischer Forschung konfrontiert, hat mit dem vorliegenden Buch keinen der vollmundigen, viel versprechenden Gesundheitsratgeber geschrieben, die es zu Dutzenden gibt; sondern einen zum Nachdenken anregenden Text über das Wesen von Gesundheit als Seele-Körper-Wechselwirkung, einen Text, aus dem der Leser seine eigene »Anleitung zum Handeln« gewinnt.

PIPER

FÜR FREIHEIT UND LEBENSQUALITÄT

LEBENSKÜNSTLER LEBEN BESSER
WIE SIE AUS JEDEM TAG DAS BESTE MACHEN
Von Horst Conen

Dieses Buch setzt die Erkenntnisse moderner und klassischer Lebensphilosophie und -psychologie in die Praxis um und bietet sie als jederzeit anwendbare Maßnahmen zur glücklichen Bewältigung der großen und kleinen Probleme des Alltags an. Denn nicht die herausragenden Geschehnisse und Fügungen entscheiden darüber, wie glücklich und zufrieden wir uns fühlen und ob wir uns des Lebens freuen können. Vielmehr ist es die Grundeinstellung, mit der man allem – Wichtigem wie scheinbar Nebensächlichem – begegnet, die Lebenskünstler von Unzufriedenen, pessimistischen Nörglern und den ewigen Verlierern scheidet. Den Alltag, auch wenn er sich grau gibt, zu meistern und so das Hier und Heute zu genießen – dazu verhilft dieses Buch. 180 Seiten, geb., ISBN 3-7205-1807-8.

WIEVIEL MUTTER BRAUCHT EIN KIND?
DIE WAHRE QUALITÄT EINER BEZIEHUNG
Von Prof. Dr. Peter Erath

Dieses Buch befreit engagierte Mütter, die sich auch beruflich entfalten wollen oder müssen und eigene Lebensziele verfolgen, von ihrem permanent schlechten Gewissen. Wichtiger als die Allgegenwart einer Mutter ist eine neue Qualität: die »Vereinbarkeit« von Familie und Beruf, Partnerschaft und Elternschaft. Psychologen und Erziehungsexperten haben aufgrund neuerer Forschungsergebnisse ihre einst negative Einschätzung der Berufstätigkeit von Müttern und deren Abwesenheit vom Kind revidiert. Maßgebend ist nicht ständiges Dasein der Mutter, sondern die Qualität ihrer Beziehung zum Kind. Wie sich diese optimieren läßt, zeigt Ihnen der erfahrene Pädagogikprofessor Dr. P. Erath in diesem schönen Buch. 200 Seiten, geb., ISBN 3-7205-1787-X.

TYRANNEN IN TURNSCHUHEN
ÜBERLEBENSTRAINING FÜR GEPLAGTE ELTERN
Von Annegret Weikert

Die Erziehungsprobleme der nach-antiautoritären Ära stellen gerade die modernen, aufgeschlossenen Eltern vor ungeahnte Schwierigkeiten. Da wollten sie – als geistige Erben der 68er-Generation – doch alles anders und besser machen als ihre Eltern, und nun stehen sie dem ungebremst fordernden »Ich will« ihrer Kleinen, der uneinsichtigen Anspruchshaltung ihrer heranwachsenden Kids hilflos gegenüber oder greifen zu Maßnahmen aus der autoritären pädagogischen Steinzeit. Dieses Buch aus eigener elterlicher Erfahrung und professioneller pädagogischer Praxis zeigt beispielhaft an echten Situationen unkonventionelle Strategien, die auch allseits drohenden Gefahren wie Konsumterror, Rechtsradikalismus oder Drogensucht vorbeugen. 200 Seiten, geb., ISBN 3-7205-1809-4.

DIESE FASZINIERENDEN BÜCHER ERHALTEN SIE IM BUCHHANDEL
Ein umfangreiches, farbiges Bücher-Magazin mit sämtlichen Titeln unseres auf Medizin, angewandte Psychologie und Esoterik spezialisierten Verlagsprogramms können Sie gratis anfordern bei

ARISTON VERLAG · GENF/MÜNCHEN

CH-1211 GENF 6 · POSTFACH 6030 · TEL. 022/786 18 10 · FAX 022/786 18 95
D-81379 MÜNCHEN · BOSCHETSRIEDER STRASSE 12 · TEL. 089/724 10 3